高等职业教育信息化教学"十三五"规划教材

大学语文

DAXUE YUWEN

主　编　庞佳丽　李鸿理　王丽霞

特配电子资源

微信扫码

● 拓展阅读
● 视频学习
● 互动交流

南京大学出版社

图书在版编目(CIP)数据

大学语文 / 庞佳丽,李鸿理,王丽霞主编. — 南京:
南京大学出版社,2019.8
ISBN 978-7-305-22392-1

Ⅰ. ①大… Ⅱ. ①庞… ②李… ③王… Ⅲ. ①大学语
文课－艺术学校－教材 Ⅳ. ①H193.9

中国版本图书馆 CIP 数据核字(2019)第 120293 号

出版发行　南京大学出版社
社　　址　南京市汉口路 22 号　　　邮　编　210093
出版人　金鑫荣

书　　名　大学语文
主　　编　庞佳丽　李鸿理　王丽霞
责任编辑　李廷斌　蔡文彬　　　　编辑热线　025－83592146
照　　排　南京南琳图文制作有限公司
印　　刷　南京人文印务有限公司
开　　本　787×1092　1/16　印张 9.25　字数 203 千
版　　次　2019 年 8 月第 1 版　2019 年 8 月第 1 次印刷
ISBN 978-7-305-22392-1
定　　价　28.00 元

网址:http://www.njupco.com
官方微博:http://weibo.com/njupco
官方微信号:njupress
销售咨询热线:(025)83594756

高等职业教育信息化教学"十三五"规划教材
编委会

前 言

语文是工具性学科，但是不同学校应该有不同的大学语文。工科院校应突出其工具性，理科院校应突出其写作的逻辑性，文科院校应侧重其文学性，艺术院校就要突出其艺术色彩。本书针对艺术院校学科特点，开设了五个模块：第一部分诗成泣鬼神，选本侧重大家耳熟能详的名篇中的艺术色彩明显的篇章；第二部分文明滥觞，介绍中华文明的源头诸子百家争鸣时期的经典，侧重思想启蒙；第三部分文人雅韵，选文侧重从不同侧面介绍古人的修养；第四部分月是故乡明，从现代文本中发掘国人的乡愁情结。第五部分中外小说阅读，选取中外名著节选，扩大阅读面。

编辑过程中着力突出以下几个特点

一、关注大学语文与中学语文的衔接，又力避中学语文教材选文。教学中，侧重于鉴赏。二、选文侧重经典与艺术结合。几个模块，思想性，艺术性，工具性兼顾。每部分有内容总说，每课后面有"导航""思考练习"。"导航"有助于学生对内容的理解；"思考练习"又能突出重点问题，让学生学有所获。三、选文虽是精挑细选出来的，但对于浩如烟海的中华文化典籍而言只是沧海一粟，因此学生如感兴趣，可以按照喜欢的作者去课外阅读。

本教材是庞佳丽、李鸿理和王丽霞精心编写的，由于水平所限，资源所限，难免有不当之处，敬请专家学者指正批评。

主　编

2019 年 7 月

目 录

第一部分　诗成泣鬼神

中国古代诗歌常识与发展脉络 ………………………… 001

第一单元　诗　经 …………………………………… 006
第一课　豳风·七月 …………………………………… 006
第二课　周南·卷耳 …………………………………… 010

第二单元　楚　辞 …………………………………… 012
第一课　九歌·国殇 …………………………………… 012
第二课　九歌·山鬼 …………………………………… 014

第三单元　汉乐府 …………………………………… 016
第一课　陌上桑 ………………………………………… 016
第二课　饮马长城窟行 ………………………………… 019

第四单元　唐　诗 …………………………………… 021
第一课　春江花月夜（张若虚）………………………… 021
第二课　清平调三首（李　白）………………………… 025
第三课　丽人行（杜　甫）……………………………… 027

第五单元　宋　词 …………………………………… 030
第一课　卜算子·黄州定慧院寓居作（苏　轼）………… 030
第二课　摸鱼儿·更能消几番风雨（辛弃疾）………… 032
第三课　渔家傲·天接云涛连晓雾（李清照）………… 034

第六单元　元　曲 …………………………………… 036
第一课　寿阳曲·江天暮雪（马致远）………………… 036
第二课　天净沙·春（白　朴）………………………… 038

第三课　天净沙·秋（白　朴）⋯⋯⋯⋯⋯⋯⋯⋯⋯⋯⋯⋯ 040

第二部分　百家争鸣

百家争鸣⋯⋯⋯⋯⋯⋯⋯⋯⋯⋯⋯⋯⋯⋯⋯⋯⋯⋯⋯⋯⋯⋯ 042

第一单元　子路曾皙冉有公西华侍坐（《论语》）⋯⋯⋯⋯⋯ 046

第二单元　齐桓晋文之事（《孟子》）⋯⋯⋯⋯⋯⋯⋯⋯⋯⋯ 051

第三单元　兼爱（中）（《墨子》）⋯⋯⋯⋯⋯⋯⋯⋯⋯⋯⋯ 059

第四单元　庄子寓言（《庄子》）⋯⋯⋯⋯⋯⋯⋯⋯⋯⋯⋯⋯ 063

　　第一课　蜗角之争 ⋯⋯⋯⋯⋯⋯⋯⋯⋯⋯⋯⋯⋯⋯⋯⋯ 063

　　第二课　佝偻者承蜩 ⋯⋯⋯⋯⋯⋯⋯⋯⋯⋯⋯⋯⋯⋯⋯ 064

　　第三课　朝三暮四 ⋯⋯⋯⋯⋯⋯⋯⋯⋯⋯⋯⋯⋯⋯⋯⋯ 065

　　第四课　鸱得腐鼠 ⋯⋯⋯⋯⋯⋯⋯⋯⋯⋯⋯⋯⋯⋯⋯⋯ 066

　　第五课　曳尾涂中 ⋯⋯⋯⋯⋯⋯⋯⋯⋯⋯⋯⋯⋯⋯⋯⋯ 067

　　第六课　子非鱼 ⋯⋯⋯⋯⋯⋯⋯⋯⋯⋯⋯⋯⋯⋯⋯⋯⋯ 068

第五单元　五　蠹（《韩非子》）⋯⋯⋯⋯⋯⋯⋯⋯⋯⋯⋯⋯ 070

第三部分　文人雅韵

中国古代文人的艺术情怀⋯⋯⋯⋯⋯⋯⋯⋯⋯⋯⋯⋯⋯⋯⋯ 076

第一单元　洛神赋（曹　植）⋯⋯⋯⋯⋯⋯⋯⋯⋯⋯⋯⋯⋯⋯ 078

第二单元　兰亭集序（王羲之）⋯⋯⋯⋯⋯⋯⋯⋯⋯⋯⋯⋯⋯ 085

第三单元　黄州新建小竹楼记（王禹偁）⋯⋯⋯⋯⋯⋯⋯⋯⋯ 089

第四单元　说琴（何景明）⋯⋯⋯⋯⋯⋯⋯⋯⋯⋯⋯⋯⋯⋯⋯ 092

第五单元　长亭送别（王实甫）⋯⋯⋯⋯⋯⋯⋯⋯⋯⋯⋯⋯⋯ 095

第四部分　月是故乡明

中国人的乡愁情结⋯⋯⋯⋯⋯⋯⋯⋯⋯⋯⋯⋯⋯⋯⋯⋯⋯⋯ 100

第一单元　故都的秋（郁达夫）　⋯⋯⋯⋯⋯⋯⋯⋯⋯⋯⋯⋯ 102

第二单元 乌篷船(周作人) ……………………………………………… 106

第三单元 想北平(老 舍) …………………………………………… 109

第四单元 海燕(郑振铎) …………………………………………… 112

第五单元 那条惑动故乡的公路(韩仰熙) ………………………… 115

第五部分 中外国小说选读欣赏

第一单元 中国古代小说 …………………………………………… 118

第一课 快嘴李翠莲…………………………………………………… 118

第二课 贾宝玉神游太虚境 警幻仙曲演红楼梦(曹雪芹)………… 120

第三课 陆逊营烧七百里 孔明巧布八阵图(罗贯中)…………… 124

第四课 花和尚倒拔垂杨柳 豹子头误入白虎堂(施耐庵) 126

第五课 周蒙师暮年登上第(吴敬梓)……………………………… 128

第二单元 外国小说赏读 …………………………………………… 130

第一课 约翰·克利斯朵夫(罗曼·罗兰) …………………………… 130

第二课 复活(列夫·尼古拉耶维奇·托尔斯泰)………………… 132

第三课 双城记(查尔斯·狄更斯)…………………………………… 133

第四课 悲惨世界(维克多·雨果)………………………………… 135

第五课 麦琪的礼物(欧·亨利)……………………………………… 137

第一部分

诗成泣鬼神

中国古代诗歌常识与发展脉络

中国历史以 1919 年五四运动为分水岭,五四运动之前为古代史,之后为现代史。古代诗歌即 1919 年之前的诗歌。

一

从体裁上,我国古代诗歌可分为诗、词、曲三种。

诗歌可以分为古体诗和近体诗。古体诗不讲对仗,押韵灵活自由。如《诗经》,多为四言诗;楚辞的句式长短不一,乐府诗的标题有"歌""歌行""引""曲""吟"等。总的说来,古体诗的发展主要轨迹是《诗经》→楚辞→汉乐府→魏晋南北朝民歌→建安诗歌→文人五言诗→唐代的古风、新乐府。

近体诗与古体诗相对而言,它是初唐之后形成的,又名今体诗、格律诗,是一种讲究平仄、注重对仗和严格押韵的诗歌体裁,由律诗和绝句构成。律诗有五言七言之分,一般八句四联:首联、颔联、颈联、尾联。还有一种排律,每首至少十句,多则可达百句,如杜甫《自京赴奉先县咏怀五百字》。除首尾两联外,中间各联都须对仗。绝句又叫截句、断句、绝诗,有五言、六言、七言之分,四句构成。绝句分为律绝和古绝。律绝是律诗兴起以后才有的,要求平仄,古绝在律诗出现以前就有了。

词,又名诗余、长短句、曲子、曲子词、乐府等。讲究调有定格,句有定数,字有定声。根据字数多少,一般分为长调(91 字以上)、中调(59~90 字)、小令(58 字以内)。依据结构,词又有单调和双调之分,单调只有一阕;双调就是分上下两阕。宋词按音乐性质可分为令、引、慢、三台、序子、法曲、大曲、缠令、诸宫调九种。按拍节可分为四种:令,也称小令,拍节较短的词;引,因小令短小而引长的词;近,因为音调相近而引长的词;慢,就是字数较多的词。从风格上,又分为豪放与婉约。婉约词内容狭窄,侧重儿女风情,形式上,重视语言圆润,给人以柔婉之感。豪放派以诗入词,视野开阔,境界宏大,给人以豪迈之感。

曲,又名词余、乐府,由散曲和杂剧组成。散曲兴起于金,在元代流行,体裁与词相近;在固定字数外可以加衬字,语言通俗易懂。散曲包括有小令、套数(套曲)两种。小令只用一曲,套数则合一个曲调中许多曲子为一套。套数也叫套曲,是戏曲或散曲中连贯成套的曲子。它少则两曲,多则二十曲,没有定数限制。每一套数都以第一曲的曲牌作全套的曲牌名,全套必须属于同一官调,套数只供清唱。

诗歌从题材也可分类。写景诗,这类诗歌内容上描写自然景色,将要抒发的情感融于景物之中,这就是人们常说的寓情于景。咏物诗,诗人对所描写之物从外形与神韵两方面描摹,来抒发诗人感情,寄托诗人精神或人生理想。即事感怀诗,由一件事引发诗人思乡怀人之感。咏史诗,以历史典故为内容,借古讽今,借古抒怀,感慨兴亡或沧桑巨变。边塞诗,以边塞风光和戍边将士的军旅生活为描写内容,或建功立业,或思念家乡,或反战,风格悲壮雄浑,笔势豪放。

二

《诗经》是我国的第一部诗歌总集。它收录了西周初年至春秋中叶约五百年间的诗歌作品,共305篇,也被称为"诗三百"。之所以称之为"经",是因为汉代董仲舒提出"罢黜百家,独尊儒术",它被奉为儒家经典,"诗三百"就成了《诗经》。学习《诗经》要了解《诗经》的六义:《诗经》按内容分为风、雅、颂,其中"风"为民歌,是其中的精华部分,共160首;雅分大雅、小雅,周王朝国都附近的乐歌,共105首;颂是宗庙祭祀用的诗歌,共60首。《诗经》的主要表现手法是赋、比、兴,"风、雅、颂、赋、比、兴"就是《诗经》六义,《诗经》是我国现实主义文学的起点。

屈原(约公元前340或339年—公元前278年),名平,字原;战国时期楚国人,楚武王熊通之子屈瑕的后代。他是我国文学史上第一位伟大诗人,他在楚地民歌的基础上创造了"楚辞"这一文体,楚辞的代表作是屈原的政治抒情诗《离骚》,所以楚辞也被称作"骚体诗"。"楚辞"之名首见于《史记·酷吏列传》。它句子长短不一,多用"兮"字,"皆书楚语,作楚声,纪楚地,名楚物"(宋人黄伯思《东观余论》)。楚辞开创了浪漫主义的创作传统,与《诗经》并称为"风骚"。

乐府诗是两汉诗歌的代表。汉武帝时,设立乐府,搜集民歌,训练乐工。后来把乐府所唱的诗叫"乐府",乐府由官府名称演变成一种带音乐性诗体的名称。汉乐府反映了丰富的社会生活,艺术上有五言、七言、杂言,以叙事诗居多。《孔雀东南飞》是现存古代最早最长的一首叙事诗,它与北朝的民歌《木兰辞》并称为"乐府双璧"。

魏晋时期,文人五言诗开始兴盛。"三曹"①、建安七子②、竹林七贤③、陶渊明等是杰出代表。陶渊明(352或365年—427年),字元亮,又名潜,私谥"靖节",世称靖节先生,自号五柳先生,开创了田园诗,他被誉为"田园诗人""隐逸诗人"。《古诗十九首》是文人五言诗的代表,是五言诗由产生发展到最终成熟的标志。

唐诗是我国古代诗歌的巅峰。初唐四杰①，他们的诗文虽没有彻底摆脱齐梁以来的绮丽余习，但已经初步扭转文学风气，他们是初唐文坛上新旧过渡时期的杰出人物。

盛唐以李白、杜甫为代表，李白（701年—762年），字太白，号青莲居士，又号"谪仙人"，是唐代伟大的浪漫主义诗人，被誉为"诗仙"，其诗清新飘逸，是古典诗歌中浪漫主义的代表。杜甫（712年—770年），字子美，自号少陵野老，被誉为"诗圣"，与李白合称"李杜"。他是唐代伟大的现实主义诗人，他的诗歌被誉为"诗史"，其诗沉郁顿挫，如"三吏"（《石壕吏》《新安吏》《潼关吏》）、"三别"（《新婚别》《无家别》《垂老别》）。盛唐诗人还有边塞诗人高适（704—765年）、岑参（约715—770年），其作品多描写塞外奇异风光，抒写将士乐观豪迈精神及在征戍生活中的复杂矛盾情感，诗风奔放昂扬。山水田园诗人王维（701年—761年，一说699年—761年）、孟浩然（689年—740年）等，其诗歌寄情山水，歌咏田园生活。

中唐以白居易、元稹⑤和李贺等人为代表。白居易（772年—846年），字乐天，号香山居士，又号醉吟先生，以讽喻诗见长，他倡导的新乐府运动，主张"文章合为时而著，歌诗合为事而作"，他在诗歌中讽刺横征暴敛，反对穷兵黩武，抨击豪门权贵；他的诗歌语言通俗，流传广泛，有"童子解吟长恨曲，胡儿能唱琵琶篇"之说。

李贺（约791年—约817年），字长吉，被誉为"诗鬼"，是中唐的浪漫主义诗人，与盛唐李白、晚唐李商隐构成唐代"三李"。他只活了二十余年，穷困潦倒，仕途不顺；他的诗想象丰富，立意新奇，构思精巧，用词瑰丽，富有唯美倾向、伤感情绪。

词产生于晚唐，宋代达到鼎盛。宋代的词从风格上看，豪放派最杰出的代表是苏（轼）辛（弃疾）；婉约派的代表是柳永、李清照、姜夔。

苏轼（1037年—1101年），字子瞻，号东坡居士，他"以诗为词"，即词由言情跃至言志，扩大了词境，提高了词品。辛弃疾（1140年—1207年），字幼安，号稼轩，被誉为"词中之龙"，他以恢复中原为志，以建立功业自许，却备受排挤、壮志难酬。他的词沉雄豪迈又不乏细腻柔媚之处，其词题材广阔又善化用典故。柳永（约984年—约1053年），原名三变，字景庄，后改名柳永，字耆卿，因排行第七，又称柳七。他是第一位对宋词进行全面革新的词人，也是两宋词坛上创用词调最多的词人。他的词充分运用俗语，以淋漓尽致的铺叙、平淡无华的白描见长，对宋词的发展产生了深远影响。李清照（1084年—约1155年），号易安居士，有"千古第一才女"之称。她的词善用白描，语言清丽。姜夔（1154—1221年），字尧章，号白石道人，他精通诗词、散文、书法、音乐，是苏轼之后又一难得的艺术全才，其词题材广泛，超凡脱俗，飘然不群。

散曲之所以称为"散"，是与元杂剧的整套剧曲相对而言的。代表作家有关汉卿、白朴、马致远、张可久、乔吉、睢景臣等。

关汉卿（约1234年—约1300年），原名不详，字汉卿，号已斋（一斋、已斋叟），以杂剧的成就最大，散曲今存小令40多首、套数10多首，被誉为"曲圣"。白朴（1226年—约1306年），字太素，号兰谷。其作品以词采优美，情意深切绵长见长。

马致远(约1250年—约1322年),字千里,号东篱,被誉为"马神仙",有"曲状元"之称。其曲题材广、意境高、声调和谐优美、语言雅俗兼备。张可久(约1270年—约1350年),字可久,号小山,与乔吉并称"双璧",现存小令800余首,为元曲作家最多者。他擅长写景状物,刻意于炼字断句,讲求对仗协律,其作品清丽典雅,元曲到张可久,已经完成了文人化的历程。乔吉(约1280年—约1345年),字梦符,号笙鹤翁,又号惺惺道人。散曲作品小令200余首,套曲11首。其散曲婉丽,精于音律,好引用或融化前人诗句。睢景臣(生卒年不详),字景贤,其最广为人知的作品是《哨遍·高祖还乡》。

明代诗歌相当繁荣,无论诗人数量还是作品数量,都超过前代,创作流派多。第一个时期,明初洪武、建文年间,刘基、高启最为著名。刘基以雄浑奔放见长,高启则以爽朗清逸取胜。第二个时期,永乐至天顺年间,以杨士奇、杨荣、杨溥为代表,他们是台阁重臣,其作品为"台阁体",表面雍容华贵,实际上内容极为贫乏。第三个时期,成化至正德年间,以李东阳为首的茶陵诗派,以李梦阳、何景明为代表的"前七子"⑥先后登场,李东阳推崇李白、杜甫,擅长乐府,其作品能够面对现实。第四时期,嘉靖、隆庆年间,以李攀龙、王世贞为代表的"后七子"⑦倡导诗必汉魏、盛唐,复古主义统治了诗坛。第五时期,万历、天启年间,"公安"⑧、"竟陵"⑨奋起,公安派"三袁"深受李贽⑩的影响,他们较为完整地阐明了"独抒性灵"的诗歌理论,认为好诗就是"任性而发"、"一一从自己胸中流出"。竟陵派继承了公安派"独抒性灵,不拘格套"的长处,又对公安派流于轻率浅露深表不满。第六个时期,崇祯及南明诸王年间,最为著名的是陈子龙⑪,陈子龙强调诗歌反映现实的战斗作用。

清代诗歌扬长补短,对于古典诗歌有所发展。但清代的文字狱限制了清诗获得更高的成就。清初诗坛的主流是"遗民诗",代表作家傅山⑫、顾炎武⑬等。有不少作品表现民族大义,富有反抗精神。康熙、雍正两朝著名诗人应推王士禛⑭。他是清代"神韵派"的领袖,崇尚王维、韦应物。厉鹗(1692—1752年),是乾隆时期的重要诗人,是浙西词派中坚人物。他推崇姜夔,主张幽隽清绮,婉约淡冷,适度表达作者纯正的情感。袁枚⑮、蒋士铨⑯、赵翼⑰并称"乾隆三大家",其中袁枚知名度最高,提倡"性灵说",反对模仿。晚清以龚自珍⑱为代表,他看清了官僚政治的腐朽,呼吁进行社会改革,他的《咏史》一诗向来被人称道。

清代最璀璨的明珠应为纳兰性德(1655年—1685年),其词风,清新隽秀,颇近南唐后主。他生前即产生过"家家争唱"纳兰词的轰动效应,身后被誉为"清朝第一词人"、"第一学人"。

【注释】
① 三曹:曹操、曹丕、曹植。
② 建安七子:汉建安年间(196年—220年)七位文学家,包括孔融、陈琳、王粲、徐干、阮瑀、应玚、刘桢。
③ 竹林七贤:魏正始年间(240年—249年),嵇康、阮籍、山涛、向秀、刘伶、王戎及阮咸七

人,常在当时的山阳县(今河南辉县、修武一带)竹林之下,喝酒、纵歌,肆意酣畅,故而得名。

④ 初唐四杰:唐代初年,王勃、杨炯、卢照邻、骆宾王的合称,简称"王杨卢骆"。

⑤ 元稹(779年—831年),字微之,河南府东都洛阳(今河南洛阳)人,唐朝著名诗人、文学家。

⑥ 前七子:明弘治、正德年间(1488年—1521年)的文学流派,成员包括李梦阳、何景明、徐祯卿、边贡、康海、王九思和王廷相七人,他们都是进士,提倡"文必秦汉、诗必盛唐"。

⑦ 后七子:明嘉靖、隆庆年间(1522年—1572年)的文学流派,它的成员有变化,先后有李攀龙、王世贞、谢榛、宗臣、梁有誉、徐中行、吴国伦、余日德、张佳胤。

⑧ 公安派:"公安三袁"分别是袁宗道、袁宏道、袁中道,由于他们是荆州公安县(今中国湖北省荆州市公安县)人,其文学流派被称为"公安派",作品为"公安体"。

⑨ 竟陵派:又称钟谭派,主要人物钟惺、谭元春都是竟陵(即今湖北天门)人,因而被称为竟陵派。

⑩ 李贽(1527年—1602年),字宏甫,号卓吾,福建泉州人,明代官员、思想家、文学家,泰州学派的一代宗师。

⑪ 陈子龙(1608年—1647年),初字人中,后改字卧子,又字懋中;晚号大樽、海士等。崇祯十年进士,清兵陷南京,开展抗清活动,永历元年(1647年)五月十三投水殉国。其诗风或悲壮苍凉,充满民族气节。

⑫ 傅山(1607年—1684年),字青竹,改字青主,又有浊翁、观化等别名,他自称为老庄之徒,经史之外,兼通先秦诸子,又长于书画医学。

⑬ 顾炎武(1613年—1682年),字忠清、宁人,亦自署蒋山佣,因为仰慕文天祥学生王炎午的为人,改名炎武,与黄宗羲、王夫之并称为明末清初"三大儒"。

⑭ 王士祯(1634年—1711年),字子真,号阮亭,又号渔洋山人,谥文简。早年诗作清丽澄淡,中年转为苍劲。擅长各体,尤工七绝。

⑮ 袁枚(1716年—1798年),字子才,号简斋,晚年自号仓山居士、随园主人、随园老人,世称"随园先生",有《小仓山房诗文集》。

⑯ 蒋士铨(1725年—1784年),字心馀,晚号定甫。工诗,讲究骨力,诗作题材比较广泛,重"性灵"。

⑰ 赵翼(1727年—1814年),字云崧,一字耘崧,号瓯北,晚号三半老人,诗重"性灵",主创新。

⑱ 龚自珍(1792年—1841年),字璱(sè)人,号定庵(ān)。其诗文主张"更法"、"改图",揭露清统治者的腐朽,洋溢着爱国热情,被誉为"三百年来第一流"。

第一单元 诗 经

·

第一课 豳风·七月①

《诗经》

《国风·豳风·七月》是中国古代第一部诗歌总集《诗经》中的一首诗。此诗反映了周代早期的农业生产情况和农民的日常生活情况，不仅有重要的历史价值，也是一首杰出的叙事兼抒情的名诗。

七月流火②，九月授衣③。一之日觱发④，二之日栗烈⑤。无衣无褐⑥，何以卒岁？三之日于耜⑦，四之日举趾⑧。同我妇子，馌彼南亩⑨，田畯至喜⑩。

七月流火，九月授衣。春日载阳⑪，有鸣仓庚⑫。女执懿⑬筐，遵彼微行⑭，爰求柔桑⑮。春日迟迟⑯，采蘩祁祁⑰。女心伤悲，殆及公子同归⑱。

七月流火，八月萑苇⑲。蚕月条桑，取彼斧斨，以伐远扬⑳，猗彼女桑㉑。七月鸣鵙，八月载绩。载玄载黄，我朱孔阳㉔，为公子裳。

四月秀葽㉕，五月鸣蜩㉖。八月其获，十月陨箨㉗。一之日于貉㉘，取彼狐狸，为公子裘。二之日其同㉙，载缵㉚武功，言私其豵㉛，献豜㉜于公。

五月斯螽动股㉝，六月莎鸡振羽㉞，七月在野，八月在宇，九月在户，十月蟋蟀入我床下。穹窒熏鼠㉟，塞向墐户㊱。嗟我妇子，曰为改岁㊲，入此室处。

六月食郁及薁㊳，七月亨葵及菽㊴，八月剥枣㊵，十月获稻，为此春酒，以介眉寿㊶。七月食瓜，八月断壶㊷，九月叔苴㊸，采荼薪樗㊹，食我农夫。

九月筑场圃㊺，十月纳禾稼㊻。黍稷重穋㊼，禾麻菽麦㊽。嗟我农夫，我稼既同，上入执宫功㊾。昼尔于茅，宵尔索绹㊿。亟其乘屋㉛，其始播百谷。

二之日凿冰冲冲㉜，三之日纳于凌阴㉝。四之日其蚤㉞，献羔祭韭㉟。九月肃霜，十月涤场㊱。朋酒斯飨㊲，曰杀羔羊。跻彼公堂㊳，称彼兕觥,万寿无疆㉚。

【作品注释】

① 选自《中国文学作品选注》,中华书局,2007 年版。

② 七月流火:火(古读 huǐ),或称大火,星名,即心宿。流,流动。每年夏历五月,黄昏时候,这星当正南方,也就是正中和最高的位置。过了六月就偏西向下了,这就叫作"流"。

③ 授衣:将裁制冬衣的工作交给妇女。

④ 一之日:十月以后第一个月的日子。以下二之日、三之日等仿此。为豳历纪日法。觱(bì)发(bō):大风触物发出的声音。

⑤ 栗烈:形容气寒。

⑥ 褐:粗布短衣。

⑦ 于:犹"为"。

⑧ 趾:足。"举趾"是说去耕田。

⑨ 馌(yè):送食物。亩:田地。田耕成若干垄,高处为亩,低处为畎。田垄东西向的叫作"东亩",南北向的叫作"南亩"。这两句是说妇人童子往田里送饭给耕者。

⑩ 田畯(jùn):农官名,又称农正或田大夫。

⑪ 春日:指二月。载:始。阳:温暖。

⑫ 仓庚:鸟名,即黄莺。

⑬ 懿(yì):深。

⑭ 微行:小径(桑间道)。

⑮ 爰(yuán):于是。柔桑:初生的桑叶。

⑯ 迟迟:天长的意思。

⑰ 蘩(fán):菊科植物,即白蒿。古人用于祭祀,女子在嫁前有"教成之祭"。祁祁:众多(指采蘩者)。

⑱ 公子:指国君之子。殆及公子同归:是说怕被公子强迫带回家去。一说指怕被女公子带去陪嫁。

⑲ 萑(huán)苇:菼草和芦苇。八月萑苇长成,收割下来,可以做箔。

⑳ 蚕月:指三月。条桑:修剪桑树。

㉑ 斨(qiāng):方孔的斧头。

㉒ 远扬:指长得太长而高扬的枝条。猗(yǐ):《说文》《广雅》作"掎",牵引。"掎桑"是用手拉着桑枝来采叶。女桑:小桑。

㉓ 鵙(jú):鸟名,即伯劳。

㉔ 玄:是黑而赤的颜色。玄、黄指丝织品与麻织品的染色。朱:赤色。阳:鲜明。以上二句言染色有玄有黄有朱,而朱色尤为鲜明。

㉕ 葽(yāo):植物名,今名远志。秀葽:言远志结实。

㉖ 蜩(tiáo):蝉。

㉗ 陨萚(tuò):落叶。

㉘ 于貉:言举行貉祭。

㉙ 同:聚合,言狩猎之前聚合众人。

㉚ 缵(zuǎn):继续。武功:指田猎。

㉛ 豵(zòng)：一岁小猪，这里用来代表比较小的兽。私其豵：言小兽归猎者私有。

㉜ 豜(jiān)：三岁的猪，代表大兽。大兽献给公家。

㉝ 斯螽(zhōng)：虫名，蝗类，即蚱蜢、蚂蚱。旧说斯螽以两股相切发声，"动股"言其发出鸣声。

㉞ 莎鸡：虫名，今名纺织娘。振羽：言鼓翅发声。

㉟ 穹：穷尽，清除。窒：堵塞。穹窒：言将室内满塞的角落搬空，搬空了才便于熏鼠。

㊱ 向：朝北的窗户。墐：用泥涂抹。贫家门扇用柴竹编成，涂泥使它不通风。

㊲ 改岁：是说旧年将尽，新年快到。

㊳ 郁：植物名，唐棣之类。树高五六尺，果实像李子，赤色。薁(yù)：植物名，果实大如桂圆。

㊴ 菽(shū)：豆的总名。剥(pū)：读为"扑"，打。

㊵ 春酒：冬天酿酒经春始成，叫作"春酒"。枣和稻都是酿酒的原料。

㊶ 介：祈求。眉寿：长寿，人老眉间有毫毛，叫秀眉，所以长寿称眉寿。

㊷ 壶：葫芦。

㊸ 叔：拾。苴(jū)：秋麻之籽，可以吃。

㊹ 樗(chū)：木名，臭椿。薪樗：言采樗木为薪。

㊺ 场：是打谷的场地。圃：是菜园。春夏做菜园的地方秋冬就做成场地，所以场圃连成一词。

㊻ 纳：收进谷仓。禾稼：谷类通称。

㊼ 重：是先种后熟的谷。穋(lù)：是后种先熟的谷。

㊽ 禾麻菽麦：这句的"禾"是专指一种谷，即今之小米。

㊾ 功：事。宫功：指建筑宫室，或指室内的事。

㊿ 索：动词，指制绳。绹(táo)：绳。索绹：是说打绳子。上两句言白天取茅草，夜晚打绳子。

(51) 亟：急。乘屋：盖屋。茅和绳都是盖屋需用的东西。以上三句言宫功完毕后，急忙修理自己的屋子。因为播谷的工作又要开始了，不得不急。

(52) 冲冲：凿冰之声。

(53) 凌：是聚集的水。阴：指藏冰之处。

(54) 蚤：读为"爪"，取。这句是说取冰。

(55) 献羔祭韭(jiǔ)：这句是说用羔羊和韭菜祭祖。

(56) 肃霜：犹"肃爽"，双声连语。这句是说九月天高气爽。

(57) 涤场：清扫场地。这句是说十月农事完全结束，将场地打扫干净。一说"涤场"即"涤荡"，"十月涤荡"是说到了十月草木摇落无余。

(58) 朋酒：两樽酒。这句连下句是说年终相聚宴欢。

(59) 跻(jī)：登。公堂：或指公共场所。称：举。兕(sì)觥(gōng)：角爵。古代用兽角做的酒器。

(60) 万：大。无疆：无穷。以上三句言升堂举觞，祝君长寿。

【诗海导航】

豳(bīn)风，是《诗经》十五国风之一，共七篇，为先秦时代豳地民歌。《豳风·七月》反映了周代初期的农业生产情况和农民的日常生活情况，不仅有文学价值，而且有重要的历史价值,是一首杰出的叙事兼抒情的诗歌。全诗共分为八章。第一章从上一年九月到二月春耕开始;第二章写妇女从事蚕桑活动;第三章写人们制作布帛衣料的情况;第四章写猎取野兽,并且写出了猎物的去向,反映了当时社会的分配制度;第五章写一年将尽,为自己收拾屋子过冬做准备,细节中显示了当时的生产力水平;第六章写采藏果蔬和造酒,这都是为公家的,为自己采藏的食物是瓜瓠、麻籽、苦菜之类;第七章写收成完毕后为公室做修屋或室内工作,然后修理自家的茅屋;末章写凿冰的劳动和一年一次的年终燕饮。

这首诗篇用"赋"的手法,围绕着一个"苦"字,以时间先后为序,种田、养蚕、打猎、凿冰……反映了一年四季农人的工作面和高强度的劳动,语言朴实无华。

【思考与练习】

1. 识记《诗经》相关的文学常识。
2. 熟读《豳风·七月》。
3. 这首诗主要运用了什么表达技巧? 结合诗句内容简要分析。

第二课　周南·卷耳①

《诗经》

《周南》是周公统治下的南方地区的民歌。《周南·卷耳》是一篇抒写怀人情感的诗作,写一位女子在采集卷耳的劳动中想起了她远行在外的丈夫,想象他在外经历险阻的各种情况。

采采卷耳②,不盈顷筐③。嗟我怀人④,寘彼周行⑤。

陟彼崔嵬⑥,我马虺隤⑦。我姑酌彼金罍⑧,维以不永怀⑨。

陟彼高冈,我马玄黄⑩。我姑酌彼兕觥⑪,维以不永伤⑫。

陟彼砠矣⑬,我马瘏矣⑭。我仆痡矣⑮,云何吁矣⑯!

【作品注释】

① 选自《中国文学作品选注》,中华书局,2007 年版。《卷耳》是一篇抒写怀人情感的名作,写一位女子在采集卷耳的劳动中想起了她远行在外的丈夫,想象他在外经历险阻的各种情况。

② 采采:采了又采。卷耳:野菜名,今名苍耳,石竹科,一年生草本植物,子可入药。

③ 盈:满。顷筐:斜口浅筐,前低后高,如今之畚箕。这句说采了又采都采不满浅筐子,说明心思不在这上头。

④ 嗟:语助词,或谓叹息声。怀:怀想。

⑤ 寘(zhì):同"置",放,搁置。周行(háng):环绕的道路,特指大道。索性把筐子放在大路上,于是眼前出现了她丈夫在外的情景。

⑥ 陟(zhì):登高。彼:指示代名词。崔嵬(wéi):高而不平的土石山。

⑦ 我:想象中丈夫的自称。虺(huī)隤(tuí):因疲劳而病。

⑧ 姑:姑且。酌:斟酒。金罍(léi):金罍,青铜做的罍。罍,器名,青铜制,用以盛酒和水。

⑨ 维:发语词,无实义。永怀:长久思念。

⑩ 玄黄:黑色毛与黄色毛相掺杂的颜色。朱熹说"玄马而黄,病极而变色也",就是本是黑马,病久而出现黄斑。

⑪ 兕(sì)觥(gōng):形似伏着的犀牛的饮酒器,一说是野牛角制的酒杯。

⑫ 永伤:长久思念。

⑬ 砠(jū):有土的石山,或谓山中险阻之地。

⑭ 瘏(tú):因劳致病,马疲病不能前行。

⑮ 痡(pū):因劳致病,人过度疲劳而不能走路。

⑯ 云何:奈何,如之何。云,语助词,无实义。吁(xū):忧伤而叹。

【诗海导航】

　　全诗四章,每章四句。第一章实写,以思念征夫的妇女的口吻来写的;后三章为想象,以思家念归备受旅途辛劳的男子的口吻来写的。第二章马儿累得腿软,主人公以酒解愁,抚慰思念之情;第三章是对第二章的深化,马的毛色由"黑"转"黄",思念加深;第四章,连用四个代"矣"的句子,马因腿软而不能走,仆人因累而倒下,主人公以长长的叹息抒发思而不得的心情。

　　诗歌语言优美自然,善于运用当时的民谣套语,善于运用实境描画来衬托情感。

【思考与练习】

　　1. 分角色诵读《周南·卷耳》,有条件的可以改成课本剧。
　　2. 分析本诗的艺术手法。

第二单元 楚 辞①

第一课 九歌·国殇②

屈 原

屈原(约公元前 340—公元前 278 年),战国时期楚国诗人、政治家。芈姓,屈氏,名平,字原。中国历史上第一位伟大的爱国诗人,中国浪漫主义文学的奠基人。"楚辞"的创立者和代表作家,秦将白起攻破楚国郢都后,屈原自沉于汨罗江,以身殉国。

操吴戈兮被犀甲③,车错毂兮短兵接④。

旌蔽日兮敌若云⑤,矢交坠兮士争先⑥。

凌余阵兮躐余行⑦,左骖殪兮右刃伤⑧。

霾两轮兮絷四马⑨,援玉枹兮击鸣鼓⑩。

天时坠兮威灵怒⑪,严杀尽兮弃原野⑫。

出不入兮往不反⑬,平原忽兮路超远⑭。

带长剑兮挟秦弓⑮,首身离兮心不惩⑯。

诚既勇兮又以武⑰,终刚强兮不可凌⑱。

身既死兮神以灵⑲,子魂魄兮为鬼雄⑳!

【作品注释】

① 选自《楚辞补注·九歌》,人民出版社,1979 年版。"楚辞"是屈原创作的一种新诗体,后世又称"楚辞体"、"骚体"。《楚辞》是中国文学史上第一部浪漫主义诗歌总集。

②《九歌》是《楚辞》篇名,屈原据汉族民间祭神乐歌加工而成,大多是人神恋歌。共十一篇。《国殇》是追悼楚国阵亡士卒的挽诗。国殇指为国捐躯的人。殇:指未成年而死,也指死难的人。

③ 操吴戈兮被(pī)犀甲:手里拿着吴国的戈,身上披着犀牛皮制作的甲。吴戈:吴国制造的戈,当时吴国的冶铁技术较先进,吴戈因锋利而闻名。被,通"披",穿着。犀甲:犀牛皮制作的铠甲,特别坚硬。

④ 车错毂(gǔ)兮短兵接:敌我双方战车交错,彼此短兵相接。毂:车轮的中心部分,有圆孔,可以插轴,这里泛指战车的轮轴。错:交错。短兵:指刀剑一类的短兵器。

⑤ 旌蔽日兮敌若云:旌旗遮蔽的日光,敌兵像云一样涌上来。极言敌军之多。

⑥ 矢交坠:两军相射的箭纷纷坠落在阵地上。

⑦ 凌:侵犯。躐(liè):践踏。行:行列。

⑧ 左骖(cān)殪(yì)兮右刃伤：左边的骖马倒地而死，右边的骖马被兵刃所伤。殪：死。

⑨ 霾(mái)两轮兮絷(zhí)四马：战车的两个车轮陷进泥土被埋住，四匹马也被绊住了。霾：通"埋"。古代作战，在激战将败时，埋轮缚马，表示坚守不退。

⑩ 援玉枹(fú)兮击鸣鼓：手持镶嵌着玉的鼓槌，击打着声音响亮的战鼓。先秦作战，主将击鼓督战，以旗鼓指挥进退。枹：鼓槌。鸣鼓：很响亮的鼓。

⑪ 天时怼(duì)兮威灵怒：天地一片昏暗，连威严的神灵都发起怒来。天怨神怒。天时：上天际会，这里指上天。天时怼：指上天都怨恨。怼：怨恨。威灵：威严的神灵。

⑫ 严杀尽兮弃原野：在严酷的厮杀中战士们全都死去，他们的尸骨都丢弃在旷野上。严杀：严酷的厮杀。尽：皆，全都。

⑬ 出不入兮往不反：出征以后就不打算生还。反：通"返"。

⑭ 忽：渺茫，不分明。超远：遥远无尽头。

⑮ 秦弓：指良弓。战国时，秦地木材质地坚实，制造的弓射程远。

⑯ 首身离：身首异处。心不惩：壮心不改，勇气不减。惩：悔恨。

⑰ 诚：诚然，确实。以：且，连词。武：威武。

⑱ 终：始终。凌：侵犯。

⑲ 神以灵：指死而有知，英灵不泯。神：指精神。

⑳ 鬼雄：战死了，魂魄不死，即使做了死鬼，也要成为鬼中的豪杰。

【诗海导航】

　　《九歌·国殇》分为两节，第一节描写在一场短兵相接的战斗中，楚国将士奋死抗敌的壮烈场面；第二节颂悼楚国将士为国捐躯的高尚志节，歌颂了他们的英雄气概和爱国精神。全诗生动地描写了战况的激烈和将士们奋勇争先的气概，对雪洗国耻寄予热望，抒发了作者热爱祖国的高尚感情。

　　在艺术表现上，它不是一篇想象奇特、辞采瑰丽的华章，然其"通篇直赋其事"（戴震《屈原赋注》），情感真挚炽烈，节奏鲜明急促，抒写开张扬厉，传达出一种凛然悲壮、亢直阳刚之美，在楚辞体作品中独树一帜。

【思考与练习】

　　1. 诗歌所讴歌的不过是一群失败的将士，你是否赞同去讴歌这样的对象？

　　2. 分析《国殇》与楚辞其他作品在艺术手法上的不同。

第二课　九歌·山鬼①

若有人兮山之阿,被薜荔兮带女萝②。
既含睇兮又宜笑,子慕予兮善窈窕③。
乘赤豹兮从文狸,辛夷车兮结桂旗④。
被石兰兮带杜衡,折芳馨兮遗所思⑤。
余处幽篁兮终不见天,路险难兮独后来。
表独立兮山之上,云容容兮而在下⑥。
杳冥冥兮羌昼晦,东风飘兮神灵雨⑦。
留灵修兮憺忘归,岁既晏兮孰华予⑧?
采三秀兮於山间⑨,石磊磊兮葛蔓蔓。
怨公子兮怅忘归⑩,君思我兮不得闲。
山中人兮芳杜若⑪,饮石泉兮荫松柏。
君思我兮然疑作⑫。
雷填填兮雨冥冥,猨啾啾兮狖夜鸣⑬。
风飒飒兮木萧萧,思公子兮徒离忧⑭。

【作品注释】

① 选自《楚辞译注》,上海古籍出版社,2016 年版。

② 山之阿(ē):山隈,山的弯曲处。被(pī):通"披"。薜荔、女萝:皆蔓生植物。

③ 含睇:含情而视。睇(dì),微视。宜笑:笑得很美。子:山鬼对所爱慕男子的称呼。窈窕:
娴雅美好貌。

④ 赤豹:皮毛呈褐的豹。从:跟从。文:花纹。狸:狐一类的兽。文狸:毛色有花纹的狸。
辛夷车:以辛夷木为车。结:编结。桂旗,以桂为旗。

⑤ 石兰、杜衡:皆香草名。遗(wèi):赠。

⑥ 表:独立突出之貌。容容:即"溶溶",水或烟气流动之貌。

⑦ 杳冥冥:又幽深又昏暗。羌:语助词。神灵雨:神灵降下雨水。

⑧ 灵修:指神女。憺(dàn):安乐。晏:晚。华予:让我像花一样美丽。华,花。

⑨ 三秀:芝草,一年开三次花。

⑩ 公子:也指神女。

⑪ 杜若:香草。

⑫ 然疑作:信疑交加。然,相信;作,起。

⑬ 猨:同"猿"。狖(yòu):长尾猿。

⑭ 离:通"罹"。

【诗海导航】

　　山鬼出自战国时期楚国伟大诗人屈原的作品《九歌·山鬼》。此诗是祭祀山鬼的祭歌，叙述的是一位多情的山鬼，在山中与心上人幽会以及再次等待心上人而心上人未来的情绪，描绘了一个瑰丽而又离奇的神鬼形象。《山鬼》采用"山鬼"内心独白的方式，塑造了一位美丽、率真、痴情的少女形象。全诗有着简单的情节：女主人公跟她的情人约定某天在一个地方相会，尽管道路艰难，她还是满怀喜悦地赶到了，可是她的情人没有如约前来；风雨来了，她痴心地等待着情人，忘记了回家，但情人终于没有来；天色晚了，她回到住所，在风雨交加、猿狖齐鸣中，倍感伤心、哀怨。

　　全诗将幻想与现实交织在一起，具有浓郁的浪漫主义色彩。作者以人神结合的方法塑造了美丽的山鬼形象：她披戴着薜荔、女萝、石兰和杜衡，乘着赤豹拉的辛夷车，车上插着桂枝编织的旗，身边跟着长有花纹的花猫……其衣食住行无不带有强烈的神性和野性色彩，又与山鬼的身份地位相适应。然而山鬼的容貌体态和情感变化又都是正常人的表现，她感叹青春不能永驻，期盼爱人早些到来，不来则忧伤孤独……这种人神合一的形象创造，正是屈原诗歌中的一贯方法。

【思考与练习】

　　1. 结合诗歌，分析《山鬼》的浪漫主义特色。

　　2. 分析人神杂糅的艺术手法对刻画山鬼的艺术形象有什么作用？

第三单元　汉乐府①

第一课　陌上桑①

　　乐府是一个专门管理乐舞演唱教习的机构,它搜集整理的诗歌,后世就叫"乐府诗",简称"乐府"。"汉乐府"就是汉代乐府机构搜集整理的诗歌。它是《诗经》《楚辞》之后的一种新诗体。后来有不入乐的诗也被称为乐府或拟乐府。

　　　　日出东南隅②,照我秦氏楼。秦氏有好女,自名为罗敷。罗敷喜蚕桑③,采桑城南隅。青丝为笼系④,桂枝为笼钩⑤。头上倭堕髻⑥,耳中明月珠。缃绮⑦为下裙,紫绮为上襦。行者见罗敷,下担捋髭须。少年⑧见罗敷,脱帽着帩头⑨。耕者忘其犁,锄者忘其锄。来归相怨怒,但坐⑩观罗敷。

　　　　使君⑪从南来,五马立踟蹰。使君遣吏往,问是谁家姝⑫?"秦氏有好女,自名为罗敷。""罗敷年几何?""二十尚不足,十五颇有余。"使君谢⑬罗敷:"宁可共载不⑭?"罗敷前致辞:"使君一何愚! 使君自有妇,罗敷自有夫!"

　　　　"东方千余骑,夫婿居上头⑮。何用识夫婿? 白马从骊驹,青丝系马尾,黄金络马头;腰中鹿卢剑⑯,可值千万余。十五府小史,二十朝大夫,三十侍中郎⑰,四十专城居。为人洁白晳,鬑鬑颇有须。盈盈⑱公府步,冉冉⑲府中趋。坐中数千人,皆言夫婿殊。"

【作品注释】

　　① 选自《宋书·乐志》,齐鲁书社,1982年版。又见于南朝徐陵的《玉台新咏》,汉乐府名篇,又名《艳歌罗敷行》《日出东南隅行》。陌上桑:陌:田间的路。桑:桑林。

　　② 东南隅:指东方偏南。隅,方位、角落。中国在北半球,夏至以后日渐偏南,所以说日出东南隅。

　　③ 喜蚕桑:喜欢采桑。喜,有的本子作"善"(善于、擅长)。

　　④ 青丝为笼系:用黑色的丝做篮子上的络绳。笼,篮子。系,络绳(缠绕篮子的绳子)。

　　⑤ 笼钩:一种工具。采桑用来钩桑枝,行时用来挑竹筐。

　　⑥ 倭堕髻:即堕马髻,发髻偏在一边,呈坠落状。

　　⑦ 缃绮:有花纹的浅黄色的丝织品。

　　⑧ 少年:古义男子(10~20岁)。

⑨ 帩头：帩头，古代男子束发的头巾。

⑩ 但：只是。坐：因为，由于。

⑪ 使君：汉代对太守、刺史的通称。

⑫ 姝：美丽的女子。

⑬ 谢：这里是"请问"的意思。

⑭ 不：通"否"。

⑮ 居上头：在行列的前端。意思是地位高，受人尊重。

⑯ 鹿卢剑：剑把像鹿卢的样子。鹿卢，即辘轳，井上汲水的用具。

⑰ 侍中郎：出入宫禁的侍卫官。

⑱ 盈盈：仪态端庄美好。

⑲ 冉冉：走路缓慢。

【诗海导航】

《陌上桑》是汉乐府的名篇，富有喜剧色彩的中国民间叙事诗。

《陌上桑》通过叙写采桑女秦罗敷的美貌与操守，反映了汉代春兴季节太守出行劝课农桑的社会制度。本诗一直以来被误解为太守调戏罗敷，而被罗敷义正词严地回绝，其实这是误读。这首诗其实是汉代社会制度的一个缩影，太守作为地方最高长官，在春季时行所主县，劝民农桑，赈救乏绝。从诗文中可以看出，秦罗敷显然是一个贵妇人形象，太守因其美貌而疏忽了礼节上的不合理，罗敷明确地指出，这表现出高尚的操守和知礼节的大家女子风范。

第一段，写秦罗敷的美貌。首先写环境美和器物之美来衬托她的美貌，然后重点写她的服饰之美。最后通过侧面描写烘托她的美貌，无论是行者还是少年，无论是耕者还是锄者，都倾慕她的美丽，激起读者的想象。她的外表美，铺衬下文的心灵美，写劳动人民对罗敷的健康感情，与后文使君的不怀好意形成对照。

第二段，写使君觊觎罗敷的美色，向她提出无理要求。先是使君的马徘徊不前，使君对罗敷垂涎三尺，继而上前搭话，询问姓名，打听年龄，最后提出和罗敷"共载"的要求。写使君的语言行为步步深入。

第三段，写罗敷拒绝使君，并盛夸丈夫以压倒对方。本段全部由罗敷的答话构成，回应使君的无理，斥责、嘲讽使君愚蠢，声明自己已有丈夫，丈夫威仪赫赫、仕途通达、品貌兼优。罗敷的伶牙俐齿使自以为身份显赫的使君只能自惭形秽，罗敷的不畏权势、敢于与权势斗争的精神充分体现出来了，表现了她的人格魅力。

《陌上桑》在写作手法方面，最受人们称赞的是映衬和烘托。罗敷采桑的用具和她装束打扮的鲜艳夺目，衬托主人公之美丽。诗人通过描摹路旁观者的种种神态动作，让读者感受罗敷的面容体态。这样来塑造人物形象，比借助比喻等手段正面进行摹写显得更加富有情趣，而且由于加入了旁观者的反应，作品的艺术容量也得到了增加。

罗敷夸夫的内容也运用了侧面烘托的手法，只有丈夫才可以与自己相配。罗敷这段话句句夸夫,而客观上又句句奚落太守,这正是全诗侧面写法的又一次运用。诗歌的喜剧效果主要也是从这里得到体现的。

【思考与练习】

    1.《陌上桑》如何刻画秦罗敷的形象的？结合诗句分析。

    2. 探究《陌上桑》的喜剧特色。

第二课 饮马长城窟行①

《饮马长城窟行》是汉代乐府古题。相传古长城边有水窟,可供饮马,曲名由此而来。

青青河畔草,绵绵思远道②。

远道不可思,宿昔③梦见之。

梦见在我傍,忽觉④在他乡。

他乡各异县,展转⑤不相见。

枯桑⑥知天风,海水知天寒。

入门各自媚⑦,谁肯相为言!

客从远方来,遗我双鲤鱼⑧。

呼儿烹⑨鲤鱼,中有尺素书⑩。

长跪读素书⑪,书中竟何如?

上言加餐食,下⑫言长相忆。

【作品注释】

① 选自《中国文学作品选注》,中华书局,2007 年版。

② 绵绵:双关,看到连绵不断的青青春草,而引起对征人的缠绵不断的情思。远道:远行。

③ 宿昔:指昨夜。

④ 觉:睡醒。

⑤ 展转:亦作"辗转",不定。在他乡作客的人行踪无定。"展转"又是形容不能安眠之词。即指思妇醒后翻来覆去不能再入梦。

⑥ 枯桑:落了叶的桑树。这两句是说枯桑虽然没有叶,仍然感到风吹,海水虽然不结冰,仍然感到天冷。比喻那远方的人纵然感情淡薄也应该知道"我"的孤凄、"我"的想念。

⑦ 入门,指各回自己家里。媚:爱。言:问讯。以上两句是把远人没有音信归咎于别人不肯代为传送。

⑧ 双鲤鱼:指藏书信的函,就是刻成鲤鱼形的两块木板,一底一盖,把书信夹在里面。一说将上面写着书信的绢结成鱼形。

⑨ 烹:煮。假鱼本不能煮,诗人故意将打开书函说成烹鱼,生动形象。

⑩ 尺素书:古人写文章或书信用长一尺左右的绢帛,称为"尺素"。素,生绢。书,信。

⑪ 长跪:伸直了腰跪着,古人席地而坐,坐时两膝着地,臀部压在脚后跟上。跪时将腰伸直,上身就显得长些,所以称为"长跪"。《素书》相传为秦末黄石公作,民间视为奇书、天书。它提出"道、德、仁、义、礼,五者一体"的观点。

⑫ 下:末二句"上"、"下"指书信的前部与后部。

【诗海导航】

　　相传古长城边有水窟,可供饮马,"饮马长城窟行"曲名由此而来。

　　中国古代征役频繁,游宦之风很盛。作为反映社会生活的文学作品,出现了大量的思妇怀人诗。这些诗表现了妇女们"独守"的悲苦和对行人的思念,写得真挚动人。《饮马长城窟行》就是写思妇怀念在远方行役的丈夫的。

　　全诗从开始的魂牵梦萦,忧心缠绵,到收信看信,重逢的希望落空,通过多方描写,将思妇复杂而微妙的内心世界,进行了完整而深入的刻画。而就在思妇的相思苦闷发展到顶点时,诗却在含蓄得近乎平淡的意象中结束,余味无穷。

　　诗前八句为第一层,"青青河畔草,绵绵思远道。"是作者借景色铺陈,引发妇人触景生情,对远离家乡的丈夫的思念。"绵绵"两字传达了两层的意义:妇人"思绪的绵绵"是由"草的绵延不绝"引起的。由于路途的遥远,思念也是徒然的,只好在梦中求得相会,然而才在梦中实现的愿望,醒过来后又是遥远的空间隔绝,依旧是"他乡各异县",彼此无法相见。这一段可以说是故事的前提,在修辞技巧上,"绵绵思远道,远道不可思"中的"远道","宿昔梦见之。梦见在我傍"中的"梦见",以及"忽觉在他乡,他乡各异县"中的"他乡",都是"顶针"句法。这样的连缀句子的方式,使得全段读起来有一种流畅的音乐性。

　　第二层只有两句,"枯桑知天风,海水知天寒",暗示远方的人也能了解,而邻居只顾沉浸在家庭的欢乐中,不肯为她捎个信。在这一层中,运用了起兴和对比的手法,写女子寒门独居,表现其孤独和凄凉的感情。

　　最后一段,情节发生了转折。忽然有客从远方带来丈夫木质双鲤鱼夹封的信函,呼儿拆封解除了她的思念之苦,而在书中也获得了远方传来地对她坚定不移的情意。这样的故事,主要在描述中国传统妇女"闺中思人"的感情起伏,文字质朴自然,情感真切悠远。

　　全诗语气平淡,感情浓郁,化虚为实,通过描绘实境(艺术创造中的实境),使所要表达的真挚而深厚的思想感情,形象而生动地显示出来。

【思考与练习】

　　1. 结合课内外资料,整理一下"饮马长城窟行"这一乐府旧题的资料。

　　2. 用散文的语言改写这首诗歌,不少于 500 字。

第四单元　唐　诗

第一课　春江花月夜①

张若虚

　　张若虚(约647年—约730年),扬州(今属江苏扬州)人,初唐诗人,与贺知章、张旭、包融并称为"吴中四士"。《春江花月夜》是一篇脍炙人口的名作,它沿用陈隋乐府旧题,素有"孤篇盖全唐"之誉。

春江潮水连海平,海上明月共潮生。
滟滟随波千万里②,何处春江无月明!
江流宛转绕芳甸③,月照花林皆似霰④。
空里流霜不觉飞⑤,汀上白沙看不见⑥。
江天一色无纤尘⑦,皎皎空中孤月轮⑧。
江畔何人初见月?江月何年初照人?
人生代代无穷已⑨,江月年年望相似⑩。
不知江月待何人,但见长江送流水⑪。
白云一片去悠悠⑫,青枫浦上不胜愁⑬。
谁家今夜扁舟子⑭?何处相思明月楼⑮?
可怜楼上月徘徊⑯,应照离人妆镜台⑰。
玉户帘中卷不去⑱,捣衣砧上拂还来⑲。
此时相望不相闻,愿逐⑳月华流照君。
鸿雁长飞光不度,鱼龙潜跃水成文㉑。
昨夜闲潭㉒梦落花,可怜春半不还家。
江水流春去欲尽,江潭落月复西斜。
斜月沉沉藏海雾,碣石潇湘无限路㉓。
不知乘月㉔几人归,落月摇情㉕满江树。

【作品注释】

　① 选自《中国文学作品选注》,中华书局,2007年版。
　② 滟(yàn)滟:波光荡漾的样子。
　③ 芳甸(diàn):开满花草的郊野。甸,郊外之地。
　④ 霰(xiàn):天空中降落的白色不透明的小冰粒。此处形容月光下春花晶莹洁白。

⑤ 流霜:飞霜。古人以为霜和雪一样,是从空中落下来的,所以叫流霜。此处比喻月光皎洁,月色朦胧,所以不觉得有霜霰飞扬。

⑥ 汀(tīng):水边平地,小洲。

⑦ 纤尘:微细的灰尘。

⑧ 月轮:指月亮,因为月圆时像车轮,所以称为月轮。

⑨ 穷已:穷尽。

⑩ 望:一作"只"。

⑪ 但见:只见、仅见。

⑫ 悠悠:渺茫、深远。

⑬ 青枫浦:地名,今湖南浏阳市境内有青枫浦。这里泛指游子所在的地方。暗用《楚辞·招魂》"湛湛江水兮上有枫,目极千里兮伤春心"句意,隐含离别之意。

⑭ 扁舟子:飘荡江湖的游子。扁舟,小舟。

⑮ 明月楼:月夜下的闺楼。这里指闺中思妇。

⑯ 月徘徊:指月光偏照闺楼,徘徊不去,令人不胜其相思之苦。

⑰ 离人:此处指思妇。妆镜台:梳妆台。

⑱ 玉户:形容楼阁华丽,以玉石镶嵌。

⑲ 捣衣砧(zhēn):捣衣石、捶布石。

⑳ 相闻:互通音信。

㉑ 逐:追随。月华:月光。

㉒ 文:同"纹"。

㉓ 闲潭:幽静的水潭。

㉔ 碣(jié)石潇湘:碣石,山名,在渤海边上。潇湘,湘江与潇水,在今湖南。这里两个地名一南一北,暗指路途遥远,相聚无望。无限路:极言离人相距之远。

㉕ 乘月:趁着月光。

㉖ 摇情:激荡情思,犹言牵情。

【诗海导航】

　　《春江花月夜》全诗紧扣春、江、花、月、夜的背景来写,而又以月为主体:月经历了升起—高悬—西斜—落下的过程。在月的照耀下,江水、沙滩、天空、原野、枫树、花林、飞霜、白沙、扁舟、高楼、镜台、砧石、长飞的鸿雁、潜跃的鱼龙,不眠的思妇以及漂泊的游子构成了一幅幽美邈远、惝恍迷离的春江月夜图,表现了一种难得的宇宙意识,创造了一个深沉、寥廓而宁静的境界,将诗情、画意、哲理融为一体。语言自然隽永,一洗六朝的脂粉味儿,素有"孤篇盖全唐"之誉。

　　《春江花月夜》的章法结构,以整齐为基调,以错杂显变化。诗的韵律节奏也饶有特色。全诗共三十六句,每四句一换韵诗,共换九韵。全诗随着韵脚的转换变化,平仄的交错运用,一唱三叹,前呼后应,既回环反复,又层出不穷,音乐节奏感强烈而优美。在句式上,大量使用排比句、对偶句和流水对,气韵无穷。

　　诗中有好多名句被后世诗人所引用或化用。比如,崔颢的"黄鹤一去不复返,白云千载空悠悠"很可能是"白云一片去悠悠,青枫浦上不胜愁"的化用;张九龄的

"海上生明月,天涯共此时"可能是根据"春江潮水连海平,海上明月共潮生"化用而来;李白的"青天明月来几时?我欲停杯一问之",苏轼的"明月几时有?把酒问青天",都有化用"江畔何人初见月?江月何年初照人"的痕迹。

从整体结构上,全诗分为三层,从写景入手,到借景抒情,再到情景交融,即景—情—情景,层层递进,前一个阶段为后一个阶段做铺垫和衬托,后一个阶段又是前一个阶段的发展和回应,层层深入,环环相扣。

第一层写景,从"春江潮水连海平"到"皎皎空中孤月轮"共10句,描绘了春江、花、月夜之美;第二层抒情,从"江畔何人初见月"到"可怜春半不还家"共20句,抒发了在如梦如幻的月夜美景中作者对爱人的相思之苦;第三层从"江水流春去欲尽"到"落月摇情满江树"共6句,把抒情与第一层描绘的景再次结合起来,情感也从作者对爱人的个别情感进一步升华到天下有情人之间普遍的思念之情,从而引起读者的共鸣,让人回味无穷,震撼心灵。

全诗结构首尾呼应,浑然天成,独具匠心。第一层结构安排,首先点—面—点,将全诗的景物描写在空间上做了合理安排和布局:诗歌,江、月等具体景物入手,描写了春江、明月共生的瑰丽景色。但这样的景色尽管绚丽精致,如果不在一个广阔的背景下呈现,不免失却磅礴气势。作者笔锋一转,通过"滟滟随波千万里,何处春江无月明"两句,把当前的月色引入广大的空间中,从而使一幅气势磅礴、恢宏的春江月景图呈现在读者面前;而后,作者的目光又从深远回到眼前的景物,对月夜下的春花、江天等景物进行了细致生动的描写,为这幅春江花月夜美景图起到了锦上添花的作用。这种结构安排的妙处在于,所描写的景色真实而不失灵动、宏大而不失精致,让读者既能体会景色之美,又有广阔的想象空间。

第一层的结构安排体现了空间上的布局特色,那么第二层结构安排则体现了时间上的布局特色。

作者以历史探寻的目光,把读者从眼前的美景带到了遥远的过去,"江畔何人初见月?江月何年初照人?"然后从古远的过去慢慢回到现实——月色中孤独的"我"以及同样远在天边的爱人。由于现实难以如愿,作者把眼光又返回到过去的梦境之中,"昨夜闲潭梦落花,可怜春半不还家"。在过去—现在—过去的反复穿越中,在虚—实—虚的往复变化中,诗歌把读者带到了一个过去与现在交织、虚与实变幻的情景与理性无穷的想象与探索之中,让人深思,回味。

第三层只有6句话,但其景色和情感的交融体现了一个渐进的过程,即由景、及"我"、到人人的过程,可以表示为:景—"我"—人人。前两句"江水流春去欲尽,江潭落月复西斜"主要是景的描写和情感的抒发,还没有联系到人;中间两句"斜月沉沉藏海雾,碣石潇湘无限路"就把景物与"我"具体联系到了一起,但局限于"我";而最后两句"不知乘月几人归,落月摇情满江树"则从"我"联系到普天下同"我"一样漂泊在外的游子对爱人或家乡的思念,他思忖:在这美好的春江花月之夜,不知有几人能乘月归回自己的家乡?他那无着无落的离情,伴着残月之光,洒满在江边的树林之上,从而深化了主题,引起读者的强烈共鸣。

　　总之,《春江花月夜》这首诗结构严谨、独具匠心,全诗紧扣春、江、花、月、夜的背景来写,而又以月为主体。月在一夜之间经历了升起—高悬—西斜—落下的过程。在月的照耀下,江水、沙滩、天空、原野、枫树、花林、飞霜、白沙、扁舟、高楼、镜台、砧石、长飞的鸿雁、潜跃的鱼龙、不眠的思妇以及漂泊的游子,组成了完整的诗歌形象,展现出一幅充满人生哲理与生活情趣的画卷。全诗既有空间的广度、历史的厚度,又有哲理的高度、情感的深度,使其成为前无古人、后无来者的经典绝唱。

【思考与练习】

　　1. 结合诗句分析《春江花月夜》中"化用"前人诗句的手法。

　　2. 结合课内课外资料,了解《春江花月夜》的"宇宙意识"。

第二课　清平调三首①

李　白

李白(701年—762年),字太白,号青莲居士,又号"谪仙人",是唐代伟大的浪漫主义诗人,被后人誉为"诗仙",与杜甫并称"李杜"。

其一

云想衣裳花想容②,春风拂槛露华浓③。

若非群玉山头见,会向瑶台月下逢④。

其二

一枝红艳露凝香⑤,云雨巫山枉断肠⑥。

借问汉宫谁得似?可怜飞燕倚新妆⑦。

其三

名花倾国两相欢⑧,长得君王带笑看。

解释春风无限恨⑨,沉香亭北倚阑干⑩。

【作品注释】

① 选自《李太白全集》,中华书局,2011年版。清平调:一种歌的曲调。唐玄宗天宝二年(743年)或天宝三年(744年)春天的一日,唐玄宗和杨妃在宫中在沉香亭观赏牡丹花,伶人们正准备表演歌舞以助兴。唐玄宗却说:"赏名花,对妃子,岂可用旧日乐词?"于是急召翰林待诏李白进宫写新乐章。李白奉旨进宫,即在金花笺上作诗三首。

② 见云之灿烂想其衣之华艳,见花之艳丽想美人之容貌照人。实际上是以云喻衣,以花喻人。

③ 槛:栏杆。露华浓:牡丹花沾着晶莹的露珠更显得颜色艳丽。

④ "若非……会向……":"不是……就是……"之意。群玉:山名,传说中西王母所居之地。全句形容贵妃貌美惊人,怀疑她不是群玉山头所见的飘飘仙子,就是瑶台殿前月光照耀下的神女。

⑤ 红艳:红艳艳的牡丹花滴着露珠,好像凝结着袭人的香气。

⑥ 巫山云雨:传说中三峡巫山神女与楚王欢会接受楚王宠爱的神话故事。

⑦ 飞燕:赵飞燕。倚新妆:形容女子艳服华妆的姣好姿态。

⑧ 名花:牡丹花。倾国:比喻美色惊人。出自汉李延年《佳人歌》:"一顾倾人城,再顾倾人国。"此指杨贵妃。

⑨ 解释:了解,体会。释:一作"识"。春风:指唐玄宗。

⑩ 沉香:亭名,沉香木所筑。

【诗海导航】

这三首诗把木芍药(牡丹)和杨贵妃交互在一起写,花即是人,人即是花,人面花光浑融一片,同蒙唐玄宗的恩泽。从篇章结构上说,第一首从空间来写,把读者引入蟾宫阆苑;第二首从时间来写,把读者引入楚王的阳台、汉成帝的宫廷;第三首归到目前的现实,点明唐宫中的沉香亭北。

第一首,起句七字"云想衣裳花想容"把杨贵妃的衣服,写成真如霓裳羽衣一般,簇拥着她那丰满的玉容,给人以花团锦簇之感。"春风拂槛露华浓",以"露华浓"来点染花容,以风露暗喻君王的恩泽,使花容人面倍见精神。"若非"、"会向"句,诗人大胆想象:这样超绝人寰的花容,恐怕只有上天仙境才能见到。诗人不露痕迹,把杨妃比作天女下凡,真是精妙至极。

第二首,起句"一枝红艳露凝香",不但写色,而且写香;不但写天然的美,而且写含露的美,比上首的"露华浓"更进一层。"云雨巫山枉断肠"用楚王的故事,把上句的花,加以拟人化,指出楚王为神女而断肠,其实梦中的神女,根本及不到当前的花容人面。即使汉成帝的皇后赵飞燕这个绝代美人也得倚仗新妆,怎么比得上眼前花容月貌般的杨贵妃,不需脂粉,天然绝色。诗人以压低神女和飞燕,来抬高杨贵妃。

第三首,从仙境古人返回到现实。起首二句"名花倾国两相欢,长得君王带笑看","倾国"美人,当然指杨贵妃,诗到此处才正面点出,并用"两相欢"把牡丹和"倾国"合二为一,"带笑看"三字再来一统,使牡丹、杨贵妃、玄宗三位一体,融合在一起了。由于第二句的"笑",逗起了第三句的"解释春风无限恨","春风"两字即君王之代称,这一句,把牡丹美人动人的姿色写得情趣盎然,君王既带笑,当然无恨,烦恼都为之消释了。末句点明玄宗杨妃赏花地点——"沉香亭北"。花在阑外,人倚阑干,十分优雅风流。

这三首诗,语语浓艳,字字流葩,而最突出的是将花与人浑融在一起写,如"云想衣裳花想容",又似在写花光,又似在写人面。"一枝红艳露凝香",也都是人、物交融,言在此而意在彼。读这三首诗,如觉春风满纸,花光满眼,人面迷离,不待什么刻画,而自然使人觉得这是牡丹,这是美人玉色,而不是别的。无怪这三首诗当时就深为唐玄宗所赞赏。

【思考与练习】

1. 《清平调三首》如何刻画杨贵妃的形象的?
2. 李白曾说:"安能摧眉折腰事权贵,使我不得开心颜?"如何解释在《清平调三首》中李白对杨贵妃的赞美呢?

第三课　丽人行①

杜　甫

杜甫(712年—770年),字子美,河南巩县人。自号少陵野老,唐代伟大的现实主义诗人。杜甫在中国古典诗歌中的影响非常深远,被后人称为"诗圣",他的诗被称为"诗史"。后世称其杜拾遗、杜工部,也称他杜少陵、杜草堂。杜甫也常被称为"老杜"。

三月三日天气新②,长安水边③多丽人。

态浓④意远淑且真,肌理细腻⑤骨肉匀。

绣罗衣裳照暮春,蹙金孔雀银麒麟⑥。

头上何所有? 翠微匐叶⑦垂鬓唇。

背后何所见? 珠压腰衱稳称身⑧。

就中云幕椒房亲⑨,赐名大国虢与秦⑩。

紫驼之峰出翠釜⑪,水精之盘行素鳞⑫。

犀箸厌饫⑬久未下,鸾刀缕切空纷纶⑭。

黄门飞鞚不动尘⑮,御厨络绎送八珍⑯。

箫鼓哀吟⑰感鬼神,宾从杂遝实要津⑱。

后来鞍马何逡巡⑲,当轩⑳下马入锦茵。

杨花雪落覆白苹㉑,青鸟飞去衔红巾㉒。

炙手可热势绝伦,慎莫近前丞相嗔㉓!

【作品注释】

① 选自《中国文学作品选注》,中华书局,2007年版。行,歌行体,古诗的一种体裁,音节、格律比较自由,形式采用五言、七言、杂言的古体,富于变化。

② 三月三日:为上巳日,唐代长安士女多于此日到城南曲江游玩踏青。

③ 水边:指曲江。

④ 态浓:姿态浓艳。意远:神气高远。淑且真:淑美而不做作。

⑤ 肌理细腻:皮肤细嫩光滑。骨肉匀:身材匀称适中。

⑥ "绣罗"两句:用金银线镶绣着孔雀和麒麟的华丽衣裳与暮春的美丽景色相映生辉。绣罗,刺绣的丝织品。裳(cháng),古代指遮蔽下体的衣裙。

⑦ 翠微:薄薄的翡翠片。微:一本作"为"。匐(è)叶:一种首饰。

⑧ 珠压:谓珠按其上,使不让风吹起,故下云"稳称身"。腰衱(jié):裙带。

⑨ 就中:其中。云幕:指宫殿中的云状帷幕。椒房:汉代皇后居室,以椒和泥涂壁。后世因称皇后为椒房,皇后家属为椒房亲。

⑩ "赐名"句:指天宝七载(748年)唐玄宗赐封杨贵妃的大姐为韩国夫人,三姐为虢国夫人,八姐为秦国夫人。

⑪ 紫驼之峰：即驼峰，是一种珍贵的食品。唐贵族食品中有"驼峰炙"。釜：古代的一种锅。翠釜，形容锅的色泽。

⑫ 水精：即水晶。行：传送。素鳞：指白鳞鱼。

⑬ 犀箸(zhù)：犀牛角作的筷子。厌饫(yù)：吃饱，吃腻。

⑭ 鸾刀：带鸾铃的刀。缕切：细切。空纷纶：厨师们白白忙乱一番。贵人们吃不下。

⑮ 黄门：宦官。飞鞚(kòng)：即飞马。

⑯ 八珍：形容珍美食品之多。

⑰ 箫鼓：两种乐器名。哀吟：指音乐婉转动人。

⑱ 宾从：宾客随从。杂遝(tà)：众多杂乱。要津：本指重要渡口，这里喻指杨国忠兄妹的家门，所谓"虢国门前闹如市"。

⑲ 后来鞍马：指杨国忠，却故意不在这里明说。逡(qūn)巡：原意为欲进不进，这里是顾盼自得的意思。

⑳ 轩：车的通称。锦茵：锦制的地毯。

㉑ "杨花"句：曲江暮春的自然景色。杨花、萍和苹虽为三物，实出一体。

㉒ 青鸟：神话中鸟名，西王母使者。相传西王母将见汉武帝时，先有青鸟飞集殿前（见《汉武故事》）。后常被用作男女之间的信使。

㉓ "炙手"二句：言杨氏权倾朝野，气焰灼人，无人能比。丞相：指杨国忠，天宝十一载(752年)十一月为右丞相。嗔(chēn)：发怒。

【诗海导航】

　　唐代自武后以来，外戚擅权已成为统治阶层中一种通常现象，他们形成了一个特殊的利益集团，引起了广大人民的强烈不满，这也是后来酿成安史之乱的主因。《旧唐书·杨贵妃传》载："玄宗每年十月，幸华清宫，国忠姊妹五家扈从。每家为一队，着一色衣；五家合队，照映如百花之焕发。而遗钿坠舄，瑟瑟珠翠，璨瓓芳馥于路。而国忠私于虢国，而不避雄狐之刺；每入朝，或联镳方驾，不施帷幔。每三朝庆贺，五鼓待漏，靓妆盈巷，蜡炬如昼。"又杨国忠于天宝十一载(752年)十一月拜右丞相兼文部尚书，势倾朝野。

　　《丽人行》大约作于唐天宝十二载(753年)。作品通过描写杨氏兄妹曲江春游的情景，揭露了统治者荒淫腐朽作威作福的丑态，从一个角度反映了安史之乱前夕的社会现实。诗分三段：先泛写游春仕女的体态之美和服饰之盛，引出主角杨氏姐妹的娇艳姿色；次写宴饮的豪华及所得的宠幸；末写杨国忠的骄横。全诗场面宏大，鲜艳富丽，笔调细腻生动，讽刺含蓄不露，通篇只是写"丽人"们的生活情形，却达到了如前人所说"无一刺讥语，描摹处语语刺讥；无一慨叹声，点逗处声声慨叹"的艺术效果。

　　从头到尾，诗人描写那些简短的场面和情节，都采取像《陌上桑》那样一些乐府民歌中所惯常用的正面咏叹方式，态度严肃认真，笔触精工细腻，着色鲜艳富丽、金碧辉煌，丝毫不露油腔滑调，也不作漫画式的刻画。但令人惊叹不止的是，诗人就是在这一本正经的咏叹中，出色地完成了诗歌揭露腐朽、鞭挞邪恶的神圣使命，获得了比一般轻松的讽刺更为强烈的艺术批判力量。

全诗场面宏大，鲜艳富丽，笔调细腻生动，同时又含蓄不露，诗中无一断语处，却能使人品出言外之意。语极铺排，富丽华美中蕴含清刚之气。虽然不见讽刺的语言，但在惟妙惟肖的描摹中，隐含犀利的匕首，讥讽入木三分。

【思考与练习】

1.《丽人行》中，作者如何抒发情感的？

2.《丽人行》分几部分？请概括主旨。

第五单元 宋 词

第一课 卜算子①·黄州定慧院寓居作②

苏 轼

苏轼(1037年—1101年),词人,字子瞻,号"东坡居士",世称苏东坡。眉州眉山(今四川眉山)人,北宋文学家、书画家,和父亲苏洵、弟弟苏辙合称唐宋八大家中的"三苏"。

缺月挂疏桐,漏断人初静③。时见幽人独往来④,缥缈孤鸿影⑤。
惊起却回头,有恨无人省⑥。拣尽寒枝不肯栖,寂寞沙洲冷。

【作品注释】

① 选自《中国文学作品选注》,中华书局,2007年版。卜算子,词牌名,北宋时盛行此曲。万树《词律》以为取义于"卖卜算命之人"。双调,四十四字,上下阕各两仄韵。
② 定慧院:一作"定惠院",一作"定惠寺"。在今湖北省黄州城东南。苏轼初贬黄州,寓居于此。
③ 漏:指更漏而言,古人计时用的漏壶。这里"漏断"即指深夜。
④ 时:一作"谁"。幽人:幽居的人,形容孤雁。幽:幽静、优雅。
⑤ 缥缈:隐隐约约,若有若无。
⑥ 省(xǐng):理解,明白。

【诗海导航】

苏轼因所谓的"乌台诗案",被贬为黄州团练副使,定慧院在今天的湖北黄州城东南,又作定惠院,是苏轼初贬黄州寓居定慧院时所作。苏轼自元丰三年(1080年)二月至黄州,至元丰七年(1084年)六月移汝州,在黄州贬所居住四年多。

上阕写的正是深夜院中所见的景色。"缺月挂疏桐,漏断人初静"营造了一个夜深人静、月挂疏桐的孤寂氛围,为"幽人""孤鸿"的出场作铺垫。在漏壶水尽,更深人静的时候,苏轼步出庭院,抬头望月,月儿从稀疏的桐树间透出清晖,像是挂在枝丫间。这两句渲染出一种孤高的境界。接下来的两句,"时见幽人独往来,缥缈孤鸿影",周围是那么宁静幽寂,在万物入梦的此刻,没有谁像自己这样在月光下孤寂地徘徊,像一只孤单飞过天穹的凄清的大雁。物我同一,互为补充,使孤独的形象更具体感人。

下阕,更是把鸿与人同写,"惊起却回头,有恨无人省",这是直写自己孤寂的心境,四顾寻觅,没有谁能理解自己孤独的心。"拣尽寒枝不肯栖,寂寞沙洲冷",写孤鸿遭遇不幸,心怀幽恨,惊恐不已,在寒枝间飞来飞去,拣尽寒枝不肯栖息,只好落宿于寂寞荒冷的沙洲,度过这样寒冷的夜晚。词人以象征手法,通过鸿的孤独缥缈,惊起回头、怀抱幽恨和选求宿处,表达了作者贬谪黄州时期的孤寂处境和高洁自许、不愿随波逐流的心境。

　　这首词的境界高妙,前人谓"似非吃烟火食人语"。这种高旷洒脱、绝去尘俗的境界,得益于高妙的艺术技巧。作者"以性灵咏物语",取神题外,意中设境,托物寓人;对孤鸿和月夜环境背景的描写中,选景叙事均简约凝练,空灵飞动,含蓄蕴藉,生动传神,具有高度的典型性。

【思考与练习】

　　1. 结合下片词句,说说幽人与孤鸿有哪些共同的处境、心理、志趣。

　　2. 前人认为"恨"字是全词关键。词里"恨"的内容是什么? 你是否同意"关键"之说? 为什么?

第二课　摸鱼儿①·更能消几番风雨②

辛弃疾

辛弃疾(1140年—1207年)，字幼安，号稼轩，山东历城(今山东济南)人。南宋著名词人，豪放派代表。在文学上，他与苏轼并称为"苏辛"。

　　　淳熙己亥③，自湖北漕④移湖南，同官王正之⑤置酒小山亭，为赋。

　　　更能消几番风雨，匆匆春又归去。惜春长怕⑥花开早，何况落红无数。春且住，见说道、天涯芳草无归路⑦。怨春不语。算只有殷勤⑧，画檐⑨蛛网，尽日惹飞絮。

　　　长门事⑩，准拟佳期又误。蛾眉曾有人妒⑪。千金纵买相如赋⑫，脉脉此情谁诉⑬？君⑭莫舞，君不见、玉环飞燕皆尘土⑮！闲愁最苦⑯！休去倚危栏⑰，斜阳正在、烟柳断肠处⑱。

【作品注释】

① 选自《中国文学作品选注》，中华书局，2007年版。摸鱼儿：词牌名。一名"摸鱼子"，又名"买陂塘""迈陂塘""双蕖怨"等。双片，一百一十六字。

② 消：经受。

③ 淳熙己亥：公元1179年。

④ 漕：漕司的简称，指转运使。

⑤ 同官王正之：作者调离湖北转运副使后，由王正之接任原来职务，故称"同官"。王正之：名正己，是作者旧交。

⑥ 怕：一作"恨"。

⑦ 无：一作"迷"。

⑧ 算只有殷勤：想来只有檐下蛛网还殷勤地沾惹飞絮，留住春色。

⑨ 画檐：有画饰的屋檐。

⑩ 长门：汉代宫殿名，武帝皇后失宠后被幽闭于此。

⑪ 蛾眉：借指女子容貌美丽。

⑫ 相如赋：即司马相如的《长门赋》。

⑬ 脉脉：绵长深厚。

⑭ 君：指那些忌妒别人来邀宠的人。

⑮ 玉环飞燕：杨玉环、赵飞燕，皆貌美善妒。皆尘土：用《赵飞燕外传》附《伶玄自叙》中的语意。伶玄妾樊通德能讲赵飞燕姊妹故事，伶玄对她说："斯人(指赵氏姊妹)俱灰灭矣，当时疲精力驰骛嗜欲蛊惑之事，宁知终归荒田野草乎！"

⑯ 闲愁：指自己精神上的郁闷。

⑰ 危栏：高处的栏杆。

⑱ 断肠：形容极度思念或悲痛。

【诗海导航】

这是辛弃疾四十岁时,也就是宋孝宗淳熙六年(1179年)暮春写的词。辛弃疾自绍兴三十二年(1162年)渡淮水投奔南宋,十七年中,他的抗击金军、恢复中原的主张,始终没有被南宋朝廷所采纳。自己抗金杀敌收拾山河的志向也无法实现,只是做一些远离战事的闲职,这一次,又是被从荆湖北路转运副使任上调到荆湖南路继续当转运副使。转运使亦称漕司,是主要掌管一路财赋的官职,对辛弃疾来说,这当然不能尽快施展他的才能和抱负。何况如今是调往距离前线更远的湖南去,更加使他失望。他知道朝廷实无北上雄心,当同僚置酒为他饯行的时候,他写了这首词,抒发胸中的郁闷和感慨。

上片主要抒发作者惜春之情。上片起句"更能消几番风雨?匆匆春又归去",说如今已是暮春天气,禁不起再有几番风雨,春便要真的去了。"惜春长怕花开早"二句,揭示自己惜春的心理活动:由于怕春去花落,他甚至害怕春天的花开得太早,这是对惜春心理的深入一层的描写。"春且住"三句,对于正将离开的"春",作者深情地对它呼喊:春啊,你且止步吧,听说芳草已经长满到天涯海角,遮断了你的归去之路!但是春不答话,依旧悄悄地溜走了。"怨春不语",无可奈何的怅惘,作者无法留住春天,倒还是那檐下的蜘蛛,勤勤恳恳地,一天到晚不停地抽丝网,去粘惹住那象征残春景象的杨柳飞花。如此,在作者看来,似乎这殷勤的昆虫比自己更有收获,其情亦太可悯了。

下片一开始就用汉武帝陈皇后失宠的典故,来喻指自己的失意。自"长门事"至"脉脉此情谁诉"一段文字,说明自古便有娥眉见妒的先例。陈皇后因招人妒忌而被打入冷宫——长门宫。后来她拿出黄金,买得司马相如的一篇《长门赋》,希望用它来打动汉武帝的心,但是她所期待的"佳期"迟迟未到。这种复杂痛苦的心情,对什么人去诉说呢?"君莫舞"二句的"舞"字,因高兴而得意忘形的样子。"君",是指那些妒忌别人进谗言取得宠幸的人。意思是说:你不要太得意忘形了,你没见杨玉环和赵飞燕后来不是都死于非命吗?"皆尘土",是用《赵飞燕外传》附"闲愁最苦"三句是结句。闲愁,作者指自己精神上的不可倾诉的郁闷。危栏,是高处的栏杆。后三句是说不要用凭高望远的方法来排消郁闷,因为那快要落山的斜阳,正照着被暮霭笼罩着的杨柳,远远望去,一片迷蒙。这样的暮景,会使人见景伤情,更加悲伤。

这首词上片主要写春意阑珊,下片主要写美人迟暮。有些选本认为这首词是作者借春意阑珊来衬托自己的哀怨,这首词中当然有作者个人遭遇的感慨,但更多的是他对南宋朝廷暗淡前途的担忧。作者一生忧国忧民,这里也是把个人感慨纳入国事之中。春意阑珊,实兼指国势如春一样一日日渐衰。

【思考与练习】

1. 分析本词所运用的典故及其作用。
2. 请赏析"君莫舞,君不见、玉环飞燕皆尘土"一句。

第三课　渔家傲·天接云涛连晓雾①

李清照

李清照(1084年—1155年)，号易安居士，济南章丘(今属山东)人。她工诗能文，其词在宋代卓然成家，中国古代著名女词人。李清照工于造语，创意出奇。善于用白描手法抒写情感，语言清新自然，词风婉约，比调小令，均有较高的艺术成就。

天接云涛连晓雾，星河欲转千帆舞②。仿佛梦魂归帝所③。闻天语④，殷勤问我归何处⑤？

我报路长嗟日暮⑥，学诗谩有⑦惊人句。九万里风鹏正举⑧。风休住，蓬舟吹取三山去⑨！

【作品注释】

① 选自《李清照集校注》，人民文学出版社，1979年版。

② 星河：银河。转：《历代诗余》作"曙"。

③ 帝所：天帝居住的地方。

④ 天语：天帝的话语。

⑤ 殷勤：关心。

⑥ 我报路长嗟(jiē)日暮：路长，隐括屈原《离骚》"路曼曼其修远兮，吾将上下而求索"之意。日暮，隐括屈原《离骚》"欲少留此灵琐兮，日忽忽其将暮"之意。嗟，慨叹。

⑦ 谩有：空有。

⑧ 九万里：《庄子·逍遥游》中说大鹏乘风飞上九万里高空。

⑨ 蓬舟：像蓬蒿被风吹转的船。吹取：吹得。三山：蓬莱、方丈、瀛洲三座仙山。

【诗海导航】

这首词是李清照唯一的豪放词，大抵是她南渡以后的作品。一般来说，李清照南渡以后写的词都是些消沉愁苦之作，而这一首却是个例外，浪漫而豪情！

李清照南渡后，不久丈夫赵明诚病死。国破家亡兼夫死，使她生活上和精神上受到很大的打击，从此，她只身漂泊江南，孤单寂寞地度过艰苦的晚年，处于"路长嗟日暮"的困境。但她是一个性格爽直、柔中有刚、不愿受现实生活束缚的人，所以，有时想象的翅膀飞进了另一个世界。她幻想出一条能使精神有所寄托的道路，以求摆脱人间那前路茫茫、看不到任何希望的境况。于是梦跨云雾，渡天河，归帝宫，乘万里风到仙山去。这样豪迈的气概、不凡的壮举，就使这首词显示出浪漫的情调、豪放的风格，近似苏辛！

词一开头就写道："天接云涛连晓雾，星河欲转千帆舞。"活绘出一幅仙境一般的壮丽景色。意思是说，天空连接着那像波浪一样翻滚的云霞，这些云霞又和晨雾连在一起，显得曙色胧朦。而透过云雾远远望去，银河中波涛汹涌，像要翻转过来似的。千百艘帆船在滚滚的大浪中颠扑，风帆摆动得像在银河中起舞一样。这虽然写的是作者在梦中所幻想的自然景象，但这无疑是她在人生道路上历尽艰难险阻、流徙奔波之苦的潜意识所促使的。"仿佛梦魂归帝所"，这是人们在经历了千辛万苦后所希望和追求的美好前途。那么，作者魂回帝宫去，情况怎样呢？"闻天语，殷勤问我归何处"，她听着天帝在对她说话，殷勤地问她要回到哪里去。如今天帝这么关照她，使她感到多么温暖，一洗南渡以来，四处漂泊，备受排挤与打击，尝尽了人间的白眼的辛酸。这里把天上和人间做了一个鲜明的对照，讥讽了黑暗的现实社会。

"我报路长嗟日暮，学诗谩有惊人句。"意思是说：我告诉天帝，我所走的路程很远，现在天色已晚，还没有到达。作者借此表白自己在人生道路上日暮途远，茫然不知所措。"九万里风鹏正举。风休住，蓬舟吹取三山去。"她要像大鹏那样乘万里风高飞远举，离开那昏暗的社会。叫风不要停止地吹着，把她的轻快小舟吹到仙山去，使她过着那自由自在的生活。就是说，尽管她有才华，有理想，有抱负，但在现实社会中根本得不到实现和施展，找不到出路，才促使她这样想的。可见她的梦想仙境，正是她对黑暗现实不满的表现。她要回到那没有离乱，没有悲伤，没有孤凄和痛苦的仙境去，正是反映出人间存在着战乱、杀戮、欺诈、孤独和寂寞的现实。

这首词，思路开宕，想象丰富，意境辽阔，充满了浪漫主义色彩。它把读者带到仙境中去，饱览丰富多彩的云涛，大鹏展翅万里的浩大境界，以及那轻舟乘风吹向三山的美景，使人为之神往。这种借神仙境界来表达自己胸怀的浪漫主义作品，在其词中极为罕见。

【思考与练习】

1. 李清照是婉约派的女作家，何以能写出这样豪放的作品呢？
2. 赏析"九万里风鹏正举"一句。

第六单元 元 曲

第一课 寿阳曲·江天暮雪①

马致远

马致远(约在 1251 年—1321 年以后),号东篱,大都(今北京)人。元代著名的戏剧家,与关汉卿、白朴、郑光祖并称"元曲四大家"。现存《汉宫秋》《青衫泪》等七种杂剧,小令 104 首。

天将暮,雪乱舞,半梅花半飘柳絮。②
江上晚来堪画处,钓鱼人一蓑归去。③

【作品注释】

① 选自《元曲三百首》,中华书局,2011 年版。

② 这是以梅花和柳絮来形容白雪。东晋女诗人谢道韫与其季父谢安在家赏雪,谢安问:"大雪纷纷何所拟",其兄谢朗说:"撒盐空中差可拟",道韫说:"未若柳絮因风起。"故以柳絮喻雪。

③ "钓鱼人"句:柳宗元《江雪》:"孤舟蓑笠翁,独钓寒江雪。"张志和《渔父》:"青箬笠,绿蓑衣,斜风细雨不须归。"本句综合上述二句诗意而成。

【诗海导航】

这首小令是元人马致远所作的"潇湘八景"组曲之一。潇湘八景,因宋代画家宋迪以潇湘风景写平远山水八幅而得名。八景为:山市晴岚、远浦帆归、平沙落雁、潇湘夜雨、烟寺晚钟、渔村夕照、江天暮雪、洞庭秋月。后多有画家、诗人以此题材进行创作,马致远的《双调·寿阳曲·议潇湘八景》即是以此为题材创作的组曲。

《江天暮雪》这首小令以"天将暮"起笔,点明时间,为整个画面铺垫了一层幽深的色彩,奠定了全曲的基调。第二句"雪乱舞",笔锋承接上句,紧扣题目写雪景,"舞"字暗示出有风,"乱"字则突出了风的强劲,隐然有呼啸之声透出。作者借雪之"乱舞"传达风声和风势,凌虚造景,可谓"不着一字,尽得风流"。雪借风势,更显出雪之大,雪之猛。若说"雪乱舞"扮极写雪之动态,"半梅花半飘柳絮"则进一步通过一个"飘",字串起"梅花"、"柳絮"两个虚拟的意象,拓展想象的审美空间,从视觉形象上扩大艺术容量。作者以虚实相生的笔法绘声、摹形、传神,风神蕴藉,韵味隽永。"半梅花半飘柳絮",把纷飞的雪花比喻为盛开的梅花和飘飞的柳絮,具体形象地表现了"雪乱舞"的景象。这首词是马致远《寿阳曲》三部曲中的第三部,另两部为《寿阳曲·远浦归帆》《寿阳曲·潇湘雨夜》。

【思考与练习】

    1. 这首诗歌描绘了怎样的画面？

    2. 请赏析"半梅花半飘柳絮"的妙处。

    3. 这首诗寄托了诗人怎样的情感？

第二课　天净沙·春①

白　朴

白朴(1226年—约1306年),原名恒,字仁甫,后改名朴,字太素,号兰谷,汴梁(今河南开封)人,晚岁寓居金陵(今江苏南京),终身未仕。他是元代著名的杂剧作家,与关汉卿、马致远、郑光祖并称为"元曲四大作家"。代表作主要有《唐明皇秋夜梧桐雨》《裴少俊墙头马上》《董秀英花月东墙记》《天净沙·秋》等。

　　　　春山暖日和风②,阑干楼阁帘栊③,杨柳秋千院中。啼莺舞燕④,
　　小桥流水飞红⑤。

【作品注释】

① 选自《白朴戏曲集校注》,人民文学出版社,1984年版。

② 和风:多指春季的微风。

③ 阑干:即栏杆。帘栊(lóng):窗户上的帘子。李煜《捣练子》:"无赖夜长人不寐,数声和月到帘栊。"栊,窗户。

④ 啼莺舞燕:即莺啼燕舞,意思是黄莺在歌唱,春燕在飞舞。

⑤ 飞红:花瓣飞舞,指落花。

【诗海导航】

《天净沙·春》,原作共四首,分写四时景色。这首写春景,给人一种和煦明丽的感觉。

这支曲子运用绘画技法,从不同空间层次描写春天的景物,具体来说,整个画面的背景,是远景。第二句是人物的立足点是近景,第三句庭院中喧闹的景象,展示了一幅充满生机、春意盎然的画面,是中景。最能够体现春天特征的两个形容词是暖和啼莺,而最能体现庭院中生机的景物是舞燕和飞红。这支曲的人物应该是一位女子,她站在栏杆之旁,帘栊之下,窥探着春天的景致,她眼中的春天要更加细腻,更加秀美。

这首词曲全由列锦组成,列锦是中国古典诗歌中特殊的修辞方式。这个名称是当代修辞学家谭永祥提出的,他对列锦的解释是:古典诗歌作品中一种奇特的句式,即全句以名词或名词短语组成,里面没有动词或形容词谓语,却同样能起到写景抒情、叙事述怀的效果。

运用"列锦",可以收到很好的表达效果。正如人们分析的那样,列锦具有凝练美、简约美、含蓄美、空灵美和意境美。拿今天的艺术品类来比方,列锦获得了影视镜头巧妙剪辑(即蒙太奇)的某些效果,能激发读者丰富的想象和联想,言有尽而意无穷。

【思考与练习】

　　马致远《天净沙·秋思》中,有"小桥流水人家"之句,它和这里的"小桥流水飞红"所表达的情感有什么不同?

第三课　天净沙·秋

白　朴

　　白朴(1226年—约1306年),原名恒,字仁甫,后改名朴,字太素,号兰谷,汴梁(今河南开封)人,晚岁寓居金陵(今江苏南京),终身未仕。他是元代著名的杂剧作家,与关汉卿、马致远、郑光祖并称为"元曲四大作家"。代表作主要有《唐明皇秋夜梧桐雨》《裴少俊墙头马上》《董秀英花月东墙记》《天净沙·秋》等。

　　　　孤村落日残霞①,轻烟老树寒鸦②,一点飞鸿影下③。青山绿水,
　　白草红叶黄花④。

【作品注释】

　　① 残霞:快消散的晚霞。宋沈与求《石壁寺山房即事》诗:"画桥依约垂柳外,映带残霞一抹红。"
　　② 轻烟:轻淡的烟雾。寒鸦:天寒即将归林的乌鸦。
　　③ 飞鸿影下:雁影掠过。飞鸿,天空中飞行着的鸿雁。宋鲍照《数诗》:"四牡曜长路,轻盖若飞鸿。"
　　④ 白草:本牧草。曲中为枯萎而不凋谢的白草。又解释为一种草名。红叶:即枫叶。黄花:菊花。一作"黄华"。

【诗海导航】

　　白朴这首小令《天净沙·秋》与马致远的《天净沙·秋思》,无论写法还是构成的意境都有相似之处。此曲题目虽为"秋",并且写尽秋意,却找不着一个"秋"字。此曲开篇先绘出了一幅秋日黄昏图,营造出一种宁静、寂寥的氛围,再以名词并列组合的形式,选取典型的秋天景物,由远及近,描绘出一幅色彩绚丽的秋景图。秋景也由先前的萧瑟、寂寥变为明朗、清丽了。

　　这首小令,只五句二十八个字,篇幅虽短,却以神来之笔描绘出了一幅绝妙的秋景图。前三句着力渲染出一派深秋凄凉之景。黄昏时,如血的残霞映照着一座孤零零的小村庄,夕阳淡淡的炊烟袅袅,几只归巢的寒鸦,静静地站立在老树枝头,忽然,一只哀鸣的孤鸿,在人边晚霞影里远远地飞翔。而后两句,作者将笔锋一转,写道:青山静静,绿水悠悠,白草绵绵,红叶片片,黄花朵朵,在暮色中,这些明丽的色彩,为这肃杀的气氛平添了许多生机活力。一扫前人一悲到底的俗套。

　　白朴在写秋景选词精练,其词并不是单纯的突出秋的悲凉。前二句的"孤村落日残霞,轻烟老树寒鸦",共用了六个图景:"孤村"、"落日"、"残霞"、"轻烟"、"老树"、"寒鸦"。而其中任何一个图景,都代表着秋日秋景的萧瑟气氛。为了要使这种萧瑟气氛活泼起来,作者接下来选用了"一点飞鸿影下"作为上半段的结语。如

此一来,原本萧瑟的画面转成了活跃,寂寞的秋景仿佛也展现了另一种鲜活的生气。最后作者为了加强心目中秋景是美丽而有韵味的形象,再以"青山绿水,白草红叶黄花"作为曲文的结束语。这两句用了"青"、"绿"、"白"、"红"、"黄"五种颜色,而且"白草红叶黄花"这三种颜色,是交杂在"青山绿水"两种颜色之中;"青山绿水"是广大的图景,"白草红叶黄花"是细微的图景,如此交杂相错,于是原本是寂寞萧瑟的秋景,突然变得五颜六色而多彩多姿。由此可见白朴的散曲写作技巧的高明了。

如果联系白朴不愿在元朝做官的态度,读者就不难理解同样的秋景会有如此巨大反差的原因。画面中的"一点飞鸿",与李白的《送裴十八图南归嵩山》其一"举手指飞鸿,此情难具论。同归无早晚,颍水有清原"中的"飞鸿"有着异曲同工之妙,都暗喻作者本人。白朴不愿在朝廷中谋职,却希望自己像一只展翅高飞的鸿雁,飞离那种萧瑟、冷清、没有生气的地方,寻找到自己感到满意,有生机的乐土,还表示作者的人生得到了美好的转折。因此"影下"的这片"青山绿水、白草红叶黄花"之地,读者可以理解为是作者的归隐之地,是作者的心中之景。情调开朗平和,没有一点消极之感,表现了作者对隐居生活的热爱之情,应属于虚写。在这支曲子中,作者非常巧妙地、不露痕迹地把"心中之景"与当时真实的环境放在一起,产生强烈的对比效果,含蓄地流露出自己的爱恨之情。

描绘秋景,历来是中国古代文人喜爱的一个题材,为表现它而不惜笔墨的诗人骚客代代有之,留下的作品更是多不胜举,但许多作品易于流入俗套。白朴却能根据自己的观察和体验,在作品中,层次分明地描写了秋天的自然景象。虽然,开始有些许的萧瑟之意,然而后来以缤纷的色彩作结,终究是赏心悦目、韵味无穷的。他用笔精深,风格独具,婉约清丽,意境新颖,可与被誉为"秋思之祖"的马致远的《天净沙·秋思》媲美。

这首小令不仅不俗,还很是典雅。白朴的这支小令却有词的意境。曲中虽无"断肠人在天涯"之类句子,抒情主人公却时隐时现,在烟霞朦胧之中,传达出一种"地老天荒"的寂静。

【思考与练习】

此曲题目虽为"秋",并且写尽秋意,却找不着一个"秋"字,作者是如何在曲中体现秋意的?

第二部分

百家争鸣

百家争鸣

"百家争鸣"是指春秋（前 770 年—前 476 年）战国（前 475 年—前 221 年）时期不同流派之间学术上竞相诘难的局面。

据《汉书·艺文志》的记载，数得上名字的流派一共有 189 家，4 324 篇著作。其后的《隋书·经籍志》、《四库全书总目》等书则记载"诸子百家"实有上千家。大浪淘沙，后来家喻户晓的不过十家：

	流派	代表人物	作品
1	儒家	孔子、孟子、荀子	《论语》《孟子》《荀子》
2	道家	老子、庄子、杨朱	《道德经》《庄子》
3	墨家	墨子	《墨子》
4	法家	韩非、李斯、商鞅	《韩非子》《商君书》《管子》
5	兵家	孙武、孙膑	《孙子兵法》《孙膑兵法》
6	名家	邓析、惠施、公孙龙	《公孙龙子》
7	阴阳家	邹衍	《邹子》
8	纵横家	鬼谷子、苏秦、张仪	《鬼谷子》
9	杂家	吕不韦	《吕氏春秋》
10	农家	许行	

1. 儒家

儒家是孔子创立，孟子、荀子继承发展的学术流派。儒家在先秦时期和诸子百家地位平等，秦始皇"焚书坑儒"，使儒家受到重创。汉武帝为了维护封建专制统治,听从董仲舒"罢黜百家,独尊儒术"的建议,使儒家成为最有影响的学派。不同时代有许多著名的儒学大师:西汉董仲舒,宋代程颐、朱熹、陆九渊,明代王守仁等。

儒家思想遵奉孔子(前551年—前479年),第一次打破了统治阶级垄断教育的局面,变"学在官府"为"有教无类"。儒家的思想核心是:① 义,原指"宜",即行为适合于"礼"。② 礼,也就是孔子及儒家的政治与伦理范畴。③ 智,同"知",孔子认为,知是一个道德范畴,是一种行为规范知识。④ 信,即言行一致的态度,是贤者必备的品德。⑤ 忠,孔子认为忠乃表现于与人交往中的忠诚老实。⑥ 孝,孔子认为孝悌是仁的基础,孝不仅限于对父母的赡养,而应着重对父母和长辈的尊重。⑦ 悌,指对兄长的敬爱之情。孔子把悌与孝并称。

2. 道家

老子,姓李名耳,字聃,约出生于公元前571年,逝世于公元前471年。他集古圣先贤之大智慧,对中华哲学、文学、科技、艺术、音乐、养生、宗教等等影响深远。

道家认为"道"是宇宙的根本规律,"道可道,非常道";"道生一,一生二,二生三,三生万物"。道家以"道"为核心,认为大道无为,主张道法自然,提出道生法、以雌守雄、刚柔并济等政治、经济、治国、军事策略,具有朴素的辩证法思想,是"诸子百家"中一门极为重要的哲学流派。老子的思想核心是:① 无名之道,即天地万物都有道,但道无名,因为普通的语言和概念不能表达道;② 反者道之动,即矛盾双方到了极端就会向对立方向转化,有得必有所失;③ 无为而治,即无为才能无不为,老子反对周公的礼乐典章制度。庄子的思想核心是:① 齐物,天地与我并生,万物与我为一;② 安之若命,用完全自然的态度对待人生,实现人的精神自由。

道家追求的是纯粹素朴,追求的只是一种更好的生活方式,而不是为了算阴阳、赚钱财,求得一时的快乐。

3. 墨家

墨家约产生于战国时期,创始人为墨翟(墨子)。墨家是一个纪律严密的学术团体,其首领称"巨子",其成员到各国为官必须推行墨家主张,所得俸禄亦须向团体奉献。汉武帝"罢黜百家,独尊儒术"后,墨家不断遭到打压,并逐渐失去了存身的现实基础,墨家思想在中国逐渐灭绝,直到清末民初,学者们才从故纸堆中重新挖出墨家,并发现其进步性。

墨家的主要有十大主张,即"二尚又二节,三非尊明兼":① 兼爱,人与人之间平等的相爱,与儒家的亲亲相对;② 非攻,反对侵略战争;③ 节用,推崇节约,反对铺张浪费;④ 明鬼,希望以神鬼之说使君主警惕,要重视继承前人的文化财富;⑤ 天志,要按章办事,掌握自然规律;⑥ 尚同,即上同,人们的意见应当统一于上级,并最终统一于天;⑦ 尚贤,取消士大夫的特权,为政之急在"众贤"——搜求大量人才，以适应时代的需要；⑧ 节葬，不把社会财富浪费在葬礼上，反对儒家的葬礼；⑨ 非乐，即摆脱划分等级的礼乐束缚，废除繁琐奢靡的编钟制造和演奏；⑩ 非命，通过努力奋斗掌握自己的命运。

后期墨家分化成两支：一支注重认识论、逻辑学、几何学、几何光学、静力学等学科的研究，是谓"墨家后学"；另一支则转化为秦汉社会的游侠。

墨子还是一个杰出的科学家，在力学、几何学、代数学、光学等方面，都有重大贡献，是其他诸子望尘莫及的。墨家在科学上的成就被众多学者称赞，蔡元培认为"先秦唯墨子颇治科学"。

4. 法家

法家是中国历史上提倡以法制为核心思想的重要学派，商鞅、慎到、申不害三人分别提倡重法、重势、重术，韩非集其大成，将三者紧密结合。法是指健全法制；势指的是君主的权势，要独掌军政大权；术是指的驾驭群臣、掌握政权、推行法令的策略和手段。

韩非的主张主要有以下几个方面：① 国家体制，主张建立统一的中央集权的封建专制国家；② 思想方面，主张"法"、"术"、"势"相结合；③ 名实相符，认为君主应根据臣民的言论与实绩是否相符来决定功过赏罚；④ 人性本恶，认为民众的本性是"恶劳而好逸"，要以法来约束民众，他认为施刑罚恰恰是爱民的表现；⑤ 去"五蠹"，防"八奸"，"五蠹"即学者（儒家）、言谈者（纵横家）、带剑者（游侠）、患御者（依附贵族并且逃避兵役的人）、商工之民，"八奸"指"同床"（君主妻妾）、"在旁"（君主亲信侍从）、"父兄"（君主的叔侄兄弟）、"养殃"（有意讨好君主的人）、"民萌"（私自散发公财取悦民众的臣下）、"流行"（搜寻说客辩士收买人心，制造舆论的臣下）、"威强"（豢养亡命之徒，带剑门客炫耀自己威风的臣下）、"四方"（用国库财力结交大国培养个人势力的臣下），这些人都有条件威胁国家安危，要像防贼一样防备他们；⑥ 改革图治，变法图强；⑦ 反对天命思想，主张天道自然。

韩非的这些主张，反映了新兴封建地主阶级的利益和要求。秦始皇统一中国后采取的许多政治措施，就是韩非理论的应用和发展。自秦以后，中国历代封建王朝的治国理念都颇受韩非子学说的影响。

"百家争鸣"为什么会在春秋战国时代出现呢？

从政治因素来看，当时处于社会大变革时期，各诸侯国的国君为了取得霸主地位，竞相招贤纳士，运用不同思想学说以使自己的国家富足强大起来。这就给百家争鸣的出现创造了一个自由的政治环境。

从经济因素来看，当时经济有了极大发展，某些人成了有闲阶层，有时间从事学术活动，这就给百家争鸣创造了一个轻松的经济环境。

从科技因素来看，天文学、数学、光学、声学、力学、医学等方面在当时都有不同程度的发展，这丰富了人的精神世界和物质生活，为百家争鸣提供了丰富的话题。

　　从文化因素来看,当时天子失去权威,"学在官府"的局面被打破,原来贵族垄断的文化学术向社会下层扩散,下移于民间,于是"私学勃兴",如著名的稷下学宫。

　　从学术自由因素来看,各学术团体于政治权势是相对独立的,他们为不同的社会集团著书立说,各成一家之言,"用我则留,不用我则去"。这为百家争鸣提供了学术的土壤。

　　各派之间既相互斗争又相互学习和借鉴,这也是百家争鸣兴盛不可忽视的重要因素之一。

第一单元 子路曾皙冉有公西华侍坐①

《论语》

　　《论语》是孔子及其弟子的语录结集,由孔子弟子及再传弟子编写而成,至战国前期成书。全书共 20 篇 492 章,以语录体为主,叙事体为辅,主要记录孔子及其弟子的言行,较为集中地体现了孔子的政治主张、伦理思想、道德观念及教育原则等。此书是儒家学派的经典著作之一,与《大学》《中庸》《孟子》并称"四书",再加上《诗经》《尚书》《礼记》《周易》《春秋》,总称"四书五经"。

　　子路、曾皙、冉有、公西华侍坐②。子曰:"以吾一日长乎尔③,毋吾以也④。居则⑤曰'不吾知也'。如或⑥知尔,则何以哉⑦?"

　　子路率尔⑧而对曰:"千乘之国⑨,摄乎大国之间⑩,加之以师旅⑪,因之以饥馑⑫,由也为之,比及三年,可使有勇,且知方⑬也。"

　　夫子哂⑭之。

　　"求,尔何如?"

　　对曰:"方⑮六七十,如⑯五六十,求也为之,比及三年,可使足民。如⑰其礼乐,以俟⑱君子。"

　　"赤,尔何如?"

　　对曰:"非曰能之,愿学焉⑲。宗庙之事,如会同⑳,端章甫㉑,愿为小相㉒焉。"

　　"点,尔何如?"

　　鼓瑟希,铿尔,舍瑟而作㉓,对曰:"异乎三子者之撰㉔。"

　　子曰:"何伤㉕乎? 亦各言其志也!"

　　曰:"莫春㉖者,春服既成,冠者五六人,童子六七人㉗,浴乎沂,风乎舞雩㉘,咏而归。"

　　夫子喟然叹曰:"吾与点㉙也。"

　　三子者出,曾皙后㉚。曾皙曰:"夫三子者之言何如?"

　　子曰:"亦各言其志也已矣!"

　　曰:"夫子何哂由也?"

　　曰:"为国以礼,其言不让,是故哂之。""唯求则非邦也与?""安见方六七十,如五六十而非邦也者?""唯赤则非邦也与㉛?""宗庙会同,非诸侯而何? 赤也为之小,孰能为之大?"

【作品注释】

　　① 选自《中国文学作品选注》(一卷),中华书局,2007 年版。子路,姓仲名由,字子路,即文

中的"由";曾皙,名点,字皙,即文中的"点";冉有,姓冉,名求,字子有,即文中的"求";公西华,姓公西,名赤,字子华,即文中的"赤"。

② 侍坐:此处指执弟子之礼,侍奉老师而坐。侍:侍奉。

③ 以吾一日长乎尔:以,因为。

④ 毋吾以也:吾,作"以"的宾语,在否定句中代词宾语前置。以,通"已",止。

⑤ 居:闲居,指平日在家的时候。则:就。

⑥ 如或:如果有人。如:假如。或:无定代词,有人。

⑦ 则:连词,那么,就。何以:用什么(去实现自己的抱负)。以,动词,用。

⑧ 率尔:轻率急忙地样子。

⑨ 千乘之国:有一千辆兵车的诸侯国。乘:兵车。春秋时,一辆兵车,配甲士3人,步卒72人,称一乘。

⑩ 摄:夹。乎:于,在。

⑪ 加之以师旅:有(别国)军队来侵略它。加,加上。

⑫ 因之以饥馑:接连下来(国内)又有饥荒。因:动词,接着。饥馑:饥荒。

⑬ 方:道,指是非准则。

⑭ 哂:嘲笑,此指微笑。

⑮ 方:见方,纵横。

⑯ 如:连词,表选择,或者。下文"如会同"的"如"意思一样。

⑰ 如:连词,表提起另一话题,译为"至于"。

⑱ 俟:等待。

⑲ 焉:之,指管理国家的事情。

⑳ 会:诸侯之间的盟会。同:诸侯共同朝见天子。

㉑ 端:古代的一种礼服。章甫:古代的一种礼帽。这里都是名词用作动词,意思是"穿着礼服,戴着礼帽"。

㉒ 相:在祭祀、会盟或朝见天子时主持赞礼和司仪的人。

㉓ 舍:放下。作:站起身。

㉔ 撰:才能。

㉕ 伤:妨害。

㉖ 莫春:指农历三月。莫,通"暮"。

㉗ 冠者五六人,童子六七人:几个成人,几个孩子。五六,六七,都是虚数。冠:古时男子二十岁为成年,束发加冠。

㉘ 舞雩:台名,是鲁国求雨的坛,在现在曲阜市东。

㉙ 吾与点也:与,赞成。

㉚ 后:后,名词作动词,走(落)在后面。

㉛ 唯求则非邦也与:唯,难道。邦:国家,这是指国家大事。与,同"欤",疑问语气词。

【文海导航】

　　孔子主张礼治,反对法治。礼的意义在古代甚为广泛,指国际间交往的礼节仪式,贵族的冠、婚、丧、祭、飨等典礼,包括政治制度、道德规范等。在经济方面,他反对封建的田赋制度而极力维护西周以来的田赋制度。

孔子作为一个伟大的思想家、教育家和政治家,为人类留下一笔丰富的精神财富。他的一些教育思想至今仍然实用,如有教无类、因材施教、循循善诱、温故知新、学而不厌、诲人不倦、三人行必有我师焉等。

全文结构谨严,以"志"为焦点,以孔子为核心,由侍坐而问,由问而述,由述而评。文章记录孔子和他的四个学生关于"志"的讨论,寥寥三百余字,写出了孔子和他的四学生各自不同的性格特点和志趣爱好,如子路的直率粗犷,冉有、公西华的谦虚谨慎,曾皙的从容淡泊以及孔子的循循善诱。

全文可分为三个部分。

第一部分,从开头到"如或知尔,则何以哉",写孔子问志。这里主要是写孔子启发学生"言其志"的一段谈话。开始是"以吾一日长乎尔,毋吾以也",孔子这样说,是为了打消学生们的顾虑,希望他们毫无拘束地畅所欲言。接着是"居则曰:'不吾知也!'"孔子很了解他的学生,摆出了学生中存在的现象。最后是根据这种现象,明确地提出了"言其志"的要求:"如或知尔,则何以哉?"引出下文。

第二部分,从"子路率尔而对曰"到"吾与点也",写子路、曾皙、冉有、公西华言志。这里主要是写四个学生"各言其志"的谈话。子路首先发言,他愿意施展自己的才干,去治理一个处于危急境地的"千乘之国",而且要三年见成效。子路说完,本以为会得到老师的夸奖,哪知结果却是"夫子哂之",看来孔子对他的谈话是不大满意的。这是什么原因呢?这里埋下了伏笔。冉有、公西华是在孔子点名提问后发言的。对于这两个人的谈话,孔子也没有明确表示赞成与否,这是什么原因呢?这又是疑问,要看文章的下一部分才能找到答案。曾皙最后一个发言,他的谈话,赢得了老师的赞赏,孔子"喟然而叹",还明确表示:"吾与点也!"

第三部分,从"三子者出"到结束,写孔子评志。这里主要是写孔子评论几个学生"言其志"的一段谈话。写到这里,前面的疑团就全都解决了。孔子"哂由",是因为"为国以礼,其言不让"。孔子也肯定了冉有的志向:"唯求则非邦也与?安见方六七十,如五六十而非邦也者?"孔子还肯定了公西华的志向:"唯赤则非邦也与?宗庙会同,非诸侯而何?赤也为之小,孰能为之大?"

总之,本文以记叙为主要的表达方式,以对话为基本形式,以"志"为中心内容,以"问志"、"言志"、"评志"为线索,这样写,中心鲜明突出,条理层次清晰,结构严谨。

文章长于在记叙过程中刻画人物。

同是"言志",表示愿意施展抱负、有所作为,子路、冉有、公西华三个人的言谈却又各具特性。这里,除了对子路有一句"率尔而对"的动作、神态的描写外,其余都只写了人物的语言,通过语言的描写表现人物的性格特点。

比如,从子路的谈话中,不仅看到了他的理想、抱负,还可以看到他在政治、军事方面的才能以及自信心。当然,言谈中也流露出他的骄傲情绪。至于"率尔而对",就更明显地表现了他性格中轻率、鲁莽,不讲谦让的一面。从冉有的谈话中,可以看出他既有理想、抱负,又能谨慎地估计自己的能力,态度谦逊,说话讲分寸。

公西华则不但具有谦虚谨慎的品德,而且还善于辞令。因为冉有刚刚说了"如其礼乐,以俟君子"的话,而公西华要谈的正好是礼乐方面的事,为了避以君子自居之嫌,他首先声明"非曰能之",只不过是"愿学焉",而且还特别强调"愿为小相"。

文章刻画得最生动的形象还是孔子。

首先,文章写出了孔子的理想抱负。孔子要求弟子"各言其志",他自己并没有"言其志",但读者可以从他对弟子们"言志"的态度及评论中了解他的志向。孔子赞同曾晳的说法,是因为曾晳所描绘的太平盛世的景象,正是他所渴望和追求的。可以说,儒家学派的有所作为的积极进取精神和孔子的"礼治"、"仁政"、"教化"的政治理想,集中地体现在曾晳的志向中。冉有和公西华言志时,都表示愿意出仕从政,有一番作为,孔子在谈话中也都予以肯定。尤其是说到公西华时,孔子说:"赤也为之小,孰能为之大?"意思是说按公西华的才能,还能做大事,"为小相"是大材小用了。孔子笑仲由,是对他"不让"的态度不满,对于"为国"的志向并不反对。总之,从本文中,我们可以看出,孔子是一个有理想、有抱负的人,他和他的弟子们一样,都想以积极进取的态度为安邦治国干一些工作。

其次,文章还写出了孔子作为师长的既能严格要求学生,又和蔼亲切、善于启发诱导的特点。孔子提出话题,要求学生言志,选择的是人生的重大课题,这是对学生的最大关心和教育。他指出了学生"居则曰:'不吾知也'"的现象,也是对学生很委婉的批评。因为"治国以礼",所以他不满意仲由的"其言不让"。这些都能说明孔子是一位很严格的老师。但孔子又不以尊者自居。他要求学生言志,先做好引导工作,让他们消除顾虑。子路的态度不谦虚,为了不影响别人发言,他不立即提出指责。赞同曾晳的说法,表示"吾与点也",又是在婉转地表明自己的志向,给学生以启发。师生在谈话,曾晳却在一旁鼓瑟,可见师生关系的融洽、谈话气氛的和谐。曾晳提出疑问,孔子又耐心给以解答。由此可以看出,孔子并不是可畏的圣人,而是一位可敬、可亲的师长。

【思考与练习】

1. 下列句子与现代汉语的句子有什么不同?

① 毋吾以也

② 不吾知也

③ 则何以哉

④ 求,尔何如?

⑤ 加之以师旅,因之以饥馑。

⑥ 可使有勇,且知方也。

⑦ 冠者五六人,童子六七人。

2. 翻译下列语句:

① 如其礼乐,以俟君子。

② 宗庙之事,如会同,端章甫,愿为小相焉。

③ 鼓瑟希,铿尔,舍瑟而作

④ 暮春者,春服既成,冠者五六人,童子六七人,浴乎沂,风乎舞雩,咏而归。

3. 根据你的了解,请你介绍一下孔丘及其政治思想、教育思想。

4. "鼓瑟希,铿尔,舍瑟而作。……暮春者,春服既成,冠者五六人,童子六七人,浴乎沂,风乎舞雩,咏而归。"语言上有什么特点?

第二单元　齐桓晋文之事①

《孟子》

　　《孟子》"四书"之一。战国中期孟子及其弟子万章、公孙丑等著。书中记载有孟子及其弟子的政治、教育、哲学、伦理等思想观点和政治活动。孟轲，字子舆(一说字子车、子居)，战国时期邹城(今山东邹城市)人。伟大的思想家、教育家，儒家学派的代表人物，人称"亚圣"，与孔子并称"孔孟"。

　　齐宣王问曰："齐桓、晋文之事，可得闻乎？"
　　孟子对曰："仲尼之徒，无道桓文之事者，是以后世无传焉，臣未之闻也。无以②，则王乎？"
　　曰："德何如则可以王矣？"
　　曰："保民而王，莫之能御也③。"
　　曰："若④寡人者，可以保民乎哉？"
　　曰："可。"
　　曰："何由知吾可也？"
　　曰："臣闻之胡龁曰⑤：'王坐于堂上，有牵牛而过堂下者，王见之，曰：'牛何之⑥？'对曰：'将以衅钟⑦。'王曰：'舍之！吾不忍其觳觫⑧，若无罪而就死地⑨。'对曰：'然则⑩废衅钟与？'曰：'何可废也，以羊易之⑪。'不识有诸⑫？"
　　曰："有之。"
　　曰："是心足以王矣。百姓皆以王为爱也⑬，臣固知王之不忍也。"
　　王曰："然，诚有百姓者⑭。齐国虽褊小⑮，吾何爱一牛？即不忍其觳觫，若无罪而就死地，故以羊易之也。"
　　曰："王无异于百姓之以王为爱也。以小易大，彼恶知之⑯？王若隐⑰其无罪而就死地，则牛羊何择焉⑱？"
　　王笑曰："是诚何心哉！我非爱其财而易之以羊也，宜乎百姓之谓我爱也。"
　　曰："无伤也⑲，是乃仁术也⑳！见牛未见羊也。君子之于禽兽也：见其生，不忍见其死；闻其声，不忍食其肉。是以君子远庖厨㉑也。"
　　王说曰㉒："《诗》云：'他人有心，予忖度之㉓。'夫子之谓也㉔。夫我乃行之，反而求之，不得吾心；夫子言之，于我心有戚戚焉㉕。此心之所以合于王者何也?"

曰:"有复于王者曰⑪:'吾力足以举百钧⑫,而不足以举一羽;明足以察秋毫之末⑬,而不见舆薪⑭。'则王许之乎⑮?"

曰:"否!"

"今恩足以及禽兽⑯,而功不至于百姓者,独何与? 然则一羽之不举,为不用力焉;舆薪之不见,为不用明焉;百姓之不见保⑰,为不用恩焉。故王之不王⑱,不为也,非不能也。"

曰:"不为者与不能者之形⑲,何以异?"

曰:"挟太山以超北海⑳,语人曰:'我不能。'是诚不能也。为长者折枝㉑,语人曰:'我不能。'是不为也,非不能也。故王之不王,非挟太山以超北海之类也;王之不王,是折枝之类也。"

"老吾老,以及人之老;幼吾幼,以及人之幼;天下可运于掌㉒。诗云:'刑于寡妻,至于兄弟,以御于家邦㉓。'言举斯心加诸彼而已㉔。故推恩足以保四海,不推恩无以保妻子。古之人所以大过人者㉕,无他焉,善推其所为而已矣! 今恩足以及禽兽,而功不至于百姓者,独何与? 权㉖,然后知轻重;度㉗,然后知长短。物皆然,心为甚。王请度之㉘。抑王兴甲兵,危士臣,构怨于诸侯,然后快于心与?"

王曰:"否,吾何快于是! 将以求吾所大欲也。"

曰:"王之所大欲,可得闻与?"

王笑而不言。

曰:"为肥甘不足于口与㉚? 轻暖不足于体与㉛? 抑为采色不足视于目与? 声音不足听于耳与? 便嬖不足使令于前与㉜? 王之诸臣,皆足以供之,而王岂为是哉!"

曰:"否,吾不为是也。"

曰:"然则王之所大欲可知已:欲辟土地㉝,朝秦楚㉞,莅中国㉟,而抚四夷也㊱。以若所为,求若所欲,犹缘木而求鱼也㊲。"

王曰:"若是其甚与㊳?"

曰:"殆有甚焉㊴。缘木求鱼,虽不得鱼,无后灾;以若所为,求若所欲,尽心力而为之,后必有灾。"

曰:"可得闻与?"

曰:"邹人与楚人战㊵,则王以为孰胜?"

曰:"楚人胜。"

曰:"然则小固不可以敌大,寡固不可以敌众,弱固不可以敌强。海内之地,方千里者九,齐集有其一㊶;以一服八,何以异于邹敌楚哉! 盖亦反其本矣㊷! 今王发政施仁㊸,使天下仕者皆欲立于王之朝,耕者皆欲耕于王之野,商贾皆欲藏于王之市,行旅皆欲出于王之途,天下之欲疾其君者㊹,皆欲赴愬于王㊺:其若是,孰能御之?"

　　王曰："吾惛,不能进于是矣[57]!愿夫子辅吾志,明以教我。我虽不敏,请尝试之!"

　　曰："无恒产而有恒心者[68],惟士为能。若民,则无恒产,因无恒心。苟无恒心,放辟邪侈[69],无不为已。及陷于罪,然后从而刑之,是罔民也[70]。焉有仁人在位,罔民而可为也!是故明君制民之产[71],必使仰足以事父母,俯足以畜妻子,乐岁终身饱,凶年免于死亡[74];然后驱而之善[75],故民之从之也轻[76]。今也制民之产,仰不足以事父母,俯不足以畜妻子,乐岁终身苦,凶年不免于死亡;此惟救死而恐不赡[77],奚暇治礼义哉[78]!王欲行之,则盍反其本矣[79]!五亩之宅[80],树之以桑,五十者可以衣帛矣[81];鸡豚狗彘之畜[82],无失其时,七十者可以食肉矣;百亩之田[83],勿夺其时,八口之家,可以无饥矣;谨庠序之教[84],申之以孝悌之义[85],颁白者不负戴于道路矣[86]。老者衣帛食肉,黎民不饥不寒[87],然而不王者,未之有也。"

【作品注释】

① 选自《经史百家杂抄》,中华书局,2013 年版。

② 无以:不得已。以,同"已",作止讲。

③ 保:安抚,安定。莫之能御:没有人能抵御他。御:抵御,阻挡。

④ 若:像。

⑤ 胡龁(hé):齐王的近臣。

⑥ 之:往,到……去。

⑦ 衅(xìn)钟:古代新钟铸成,用牲畜的血涂在钟的缝隙中祭神求福,叫衅钟。衅,血祭。

⑧ 觳(hú)觫(sù):恐惧颤抖的样子。

⑨ 若:如此。就:接近,走向。

⑩ 然则:既然如此,那么就。

⑪ 易:交换。

⑫ 识:知道。诸:"之乎"的合音。

⑬ 爱:吝惜。

⑭ 诚有百姓者:的确有这样(对我误解)的百姓。

⑮ 褊(biǎn)小:土地狭小。

⑯ 彼恶知之:他们怎么知道呢?恶(wū):怎,如何。

⑰ 隐:哀怜。

⑱ 何择:有什么分别。择:区别,分别。

⑲ 无伤:没有什么妨碍,此处译为没有什么关系。

㉕ 仁术:指仁爱之道,实施仁政的途径。

㉖ 庖厨:厨房。

㉗ 说:同"悦",高兴。

㉘ "《诗》云"二句:见于《诗经·小雅·巧言》,意思是他人有心思,我能推测它。忖(cǔn)度(duó):揣测。

㉙ 夫子之谓也：(这话)说的就是你这样的人。夫子：古代对男子的尊称，这里指孟子。……之谓也：……说的就是……

㉚ 戚戚：心动的样子，指有同感。

㉛ 复：报告。

㉜ 钧：古代以30斤为一钧。

㉝ 明：眼力。秋毫之末：鸟兽秋天生出的绒毛的尖端，喻极细小的东西。

㉞ 舆薪：一车薪柴。

㉟ 王许之乎：大王相信吗？许：相信，赞同。

㊱ "今恩"句以下是孟子的话，省去"曰"字，表示语气急促。

㊲ 见保：受到保护或安抚。见：被。

㊳ 王之不王：大王不能以王道统一天下。第二个王是动词。

㊴ 形：具体的外在区别和表现。异：区别。

㊵ 挟(xié)：夹在腋下。太山：泰山。超：跳过。北海：渤海。

㊶ 枝：枝同"肢"。这句意谓，为年长者按摩肢体。一说指向老者折腰行鞠躬礼，一说替长者攀摘树枝。皆指轻而易举之事。

㊷ 老吾老：第一个"老"字作动词用，意动用法，可译为尊敬；第二个"老"作名词，是老人的意思。其下句"幼吾幼"句法相同。

㊸ 运于掌：运转在手掌上，比喻称王天下很容易办到。

㊹ "《诗》云"句：见于《诗经·大雅·思齐》，意思是给妻子做好榜样，推及兄弟，以此德行来治理国家。刑：同"型"，这里作动词用，指以身作则，为他人示范。寡妻：国君的正妻。御：治理。家邦：国家。

㊺ 言举斯心加诸彼而已：孟子总结这三句诗的意思，就是说把你爱自家人的心，推广到爱他人罢了。

㊻ 大过：大大超过。

㊼ 权：秤锤，这里作动词用，指用秤称重。

㊽ 度(duó)：用尺量。

㊾ 度(duó)：思量，揣度。

㊿ 抑：难道，副词，表反诘。危：使……受到危害。构怨：结仇。

(51) 肥甘：肥美香甜的食物。

(52) 轻暖：轻柔暖和的衣裘。

(53) 便嬖(pián bì)：国王宠爱的近侍。

(54) 辟：开辟，扩大。

(55) 朝：使……称臣(或朝见)。

(56) 莅(lì)：居高临下，引申为统治。中国：指中原地带。

(57) 而：表并列。抚：安抚，使……归顺。四夷：四方的少数民族。

(58) 以：凭借。若：如此。若：你。缘木而求鱼：爬到树上去捉鱼，比喻不可能达到目的。

(59) 若是：如此。甚：厉害。

(60) 殆：不定副词，恐怕，大概。有：同"又"。

(61) 邹：与鲁相邻的小国，在今山东邹县。楚：南方的大国。

(62) 集：凑集。这句说，齐国土地合起来约有一千个平方公里。

○63 盍:同"盍",兼词,"何不"的合音。反其本:回到根本上来,指回到王道仁政上来。"反"通"返"。

○64 发政施仁:发布政令,推行仁政。

○65 商贾皆欲藏于王之市:做生意的都愿意把货物储存在大王的集市上。

○66 涂:通"途"。疾:憎恨。赴愬:前来申诉。

○67 惛:同"昏",思想昏乱不清。进:前进。于:在。是:这。

○68 敏:聪慧。

○68 恒产:用以维持生活的固定的产业。恒心:安居守分之心。

○69 放辟邪侈:"放"和"侈"同义,都是纵逸放荡的意思。"辟"和"邪"同义,都是行为不轨的意思。

○70 罔民:张开罗网陷害百姓。罔,同"网",用作动词。

○71 制:规定。

○72 畜:同"蓄",养活,抚育。妻子:妻子儿女。

○73 乐岁:丰收的年头。终:一年。

○74 凶年:饥荒的年头。

○75 驱:督促,驱使。之:往,到。善,做好事。

○76 轻:容易。

○77 赡(shàn):足,及。

○78 奚:何。暇:空闲时间。

○79 盍:何不。

○80 五亩之宅:五亩大的住宅。传说古代一个男丁可以分到五亩土地建筑住宅。古时五亩合现在一亩二分多。

○81 衣:穿。帛:丝织品。

○82 豚(tún):小猪。彘(zhì):大猪。

○83 百亩之田:传说古代实行井田制,每个男丁可以分到土地一百亩。

○84 谨:重视,谨慎地对待。庠(xiáng)序:古代学校的名称。周代叫庠,殷代叫序。

○85 申:反复教导。

○86 颁白者:头发半白半黑的老人。颁,同"斑"。

○87 黎民:黑头发的民众。这里指少壮者,与上文老者对举。

【文海导航】

本文通过孟子游说齐宣王提出放弃霸道,施行王道的经过,比较系统地阐发了孟子的仁政主张。

这篇文章记孟子游说宣王行仁政。说明人皆有不忍之心,为国君者,只要能发扬心中这种善端,推己及人,恩及百姓,就不难保民而王。文章通过孟子与齐宣王的对话,表现了孟子"保民而王"的王道思想和富民、教民的政治主张,也表现了孟子善辩的性格和高超的论辩技巧。他的主张,首先是要给人民一定的产业,使他们能养家活口,安居乐业。然后再用"礼义"来引导民众,加强伦理道德教育,这样就可以实现王道理想。这种主张反映了人民要求摆脱贫困,向往安定生活的愿望,表现了孟子关心民众疾苦、为民请命的精神,这是值得肯定的。但孟子的思想也有其局限性。一是战国时期,由分裂趋向统一,战争难以避免。孟子笼统反对武力,显得脱离实际不合潮流。二是他的仁政主张完全建立在"性善论"基础上,显得过于天真、简单。孟子的思想虽然有一定的价值,与当时的社会却有很大距离,所以是行不通的。

本文是一篇谈话记录,齐宣王提问,孟子回答,问与答紧密相连,不容易看出层次。这里根据内容,把课文分为三部分。

第一部分(开头至"王请度之"),主要说齐宣王未实行王道,不是不能,而是不为。

这部分又可分为三层。

第一层(从开头到"则王乎"),提出并明确话题,以问"霸道"开始,转入说"王道"。齐宣王一见孟子,就迫不及待地问齐桓晋文称霸的事,正说明他有称霸的企图。齐桓公、晋文公是春秋五霸中的两霸。前者九合诸侯,一匡天下;后者曾定乱扶周,破楚救宋,都是当时的霸主。因为他们的行事不是靠仁政,而是凭武力,因此被儒家称为"霸道",与"王道"相对立。所以问齐桓、晋文之事,等于问霸道之事,这对于崇尚王道的孟子来说,无异于劈头一瓢冷水。而孟子以"臣未之闻也"一句,轻轻把话题岔开,转而谈论王道。

第二层(从"曰:'德何如,则可以王矣'"到"是以君子远庖厨也"),提出"保民而王"的中心论点,肯定齐宣王能够保民而王。在孟子看来,王天下的关键在于行仁政,所以孟子首先提出"保民而王"的政治主张。然后再紧紧抓住齐宣王的"不忍"大做文章。在这里,孟子不是空泛的论述,而是抓住了齐宣王"以羊易牛"的事例加以阐发。老百姓看到"以羊易牛",以小易大,认为王是爱财;孟子则不同,他肯定王有"不忍之心",只是没有把为仁之事继续扩展下去。这说明齐宣王已经有了"保民"的基本条件,具备施行王道的基础。同时也为下文论说宣王没有实行"王道","是不为"而"非不能"埋下了伏笔。

第三层(从"王说"到"王请度之"),剖析齐宣王的仁心未及于民,未成王道,不是"不能",而是"不为"。首先,孟子以一组巧妙的比喻,正面引出"王之不王,不为也,非不能也"的结论。其次以"挟太山以超北海"和"为长者折枝"这组对照性比喻,进一步阐明"不为"和"不能"的区别。最后顺其理势,引经据典,加以正面晓喻。说明王道并不难,最基本的就是"推恩","推恩足以保四海",为齐宣王指明了努力的方向。

第二部分("抑王兴甲兵,危士臣"至"孰能御之"),从反面论述"霸道"的危害,敦促齐宣王彻底改弦易辙,放弃霸道,实行王道。齐宣王不能实行王道,不是方法问题,而是一心要实行"霸道"。孟子先以"兴甲兵"几句,不直说霸道,却列举了霸道的种种害处,使齐宣王不得不说出"吾何快于是",从而引导他说出"大欲"。"笑而不言"四字,写出宣王欲霸天下而又躲躲闪闪,不那么理直气壮的神态,极尽传神之妙。孟子明知齐宣王的"大欲"仍是霸业,却故意以口腹声色之娱来揣度,形成文章的顿挫,然后道破其"大欲"乃是以力争霸天下,点明齐宣王的"大欲"后,旋即以"缘木求鱼"这个生动的比喻,彻底打碎了他的幻想,犹如当头棒喝,使文势如悬崖坠石,有千钧之力。宣王不禁惊言:有这么严重吗?孟子再步步进逼,以邹与楚战为喻,说明齐若与天下对抗,强弱不均之势显而易见,从而导出小不敌大、寡不敌众、弱不敌强的结论,以使齐宣王彻底放弃"霸道"。霸道的危害既已讲清,孟子再正面铺写行仁政王道的威力,就不能不令齐宣王怦然心动了。

第三部分("王曰:'吾,不能进于是矣。'"到篇末),阐述施行王道的具体措施。经过上文对王霸利弊的说明,齐宣王表示愿意就教,孟子这才水到渠成地拿出了他的仁政主张:"制民之产"和"谨庠序之教",使百姓有恒产,足以饱身养家,然后再对他们施以礼义道德的教育。这一王道仁政模式,以排比句对称说出,说王道制度,极言其利。只要做到这一点,老百姓归附,犹如万条江河归大海,形成"孰能御之"之势。全篇最后以一幅王道乐土的美好画卷作结。

本文是孟子的代表作品之一,颇能反映孟子散文结构严谨、中心突出、论点明确、说理充分、感情激越、气势磅礴这些基本特色。本文是对话体议论文,孟子要在与齐宣王的对话中,使他接受自己的政治主张,他就必须揣摩对方的心理,诱使对方顺着自己的思路来谈话。因此本文在写作上比较曲折委婉,层层深入,而且说理既逻辑严密,又注意形象生动。① 迂回曲折,层层深入,跌宕起伏。② 气势浩然,逻辑严谨。③ 取譬设喻。此外,本文还在许多方面表现了孟子的论辩艺术和语言技巧。如以"以羊易牛"这种齐宣王亲身经历的事情说服齐宣王,不仅有故事性,使文章更生动形象,而且也更有说服力,更易被齐宣王所接受。再如文中句式不断变化,大量运用排比句式,而且单句和排比句交错使用,既有引经据典之句,更多明白浅显之语,使全文笔势灵活,文辞富赡。

【思考与练习】

一、翻译下列句子。

1. 保民而王,莫之能御也。

2. 宜乎百姓之谓我爱也。

3. "他人有心,予忖度之。"夫子之谓也。

4. 夫我乃行之,反而求之,不得吾心;夫子言之,于我心有戚戚焉。

5. 老吾老,以及人之老;幼吾幼,以及人之幼:天下可运于掌。

6. "刑于寡妻,至于兄弟,以御于家邦。"言举斯心如诸彼而已。

7. 权,然后知轻重;度,然后知长短。物皆然,心为甚。

8. 此惟救死而恐不赡,奚暇治礼义哉!

9. 谨庠序之教,申之以孝悌之义,颁白者不负戴于道路矣。

二、下面列出了孟子因势利导,说服齐宣王采纳"保民而王"的主张的过程。请根据课文,梳理文章思路,体会《孟子》的论辩特色,填写其他的空白。

第一步引导:引导宣王抛开霸道而谈王道。内容要点:"无以,则王乎?""保民

而王,莫之能御也。"引导方法:抓住宣王想统治天下的心理

第二步引导:引导宣王认识自己有"保民而王"的条件。内容要点:"臣固知王之不忍也。""是乃仁术也。"引导方法:举出以羊易牛的事例。

第三步引导:引导宣王认识"不忍之心"为什么合于"保民而王"的条件。内容要点:"老吾老,以及人之老;幼吾幼,以及人之幼;天下可运于掌。""推恩足以保四海。"引导方法:A _____。

第四步引导:为宣王进一步说明没有施行"保民而王"并非不能而是"不为"。内容要点:"今恩足以及禽兽,而功不至于百姓者,独何与?""百姓之不见保,为不用恩焉。故王之不王,不为也,非不能也。"引导方法:B _____。

第五步引导:指出宣王的大欲,并明言"以若所为"则"大欲"不能实现。内容要点:"抑王兴甲兵,危士臣,构怨于诸侯,然后快于心与?""王之所大欲可知已。欲辟土地,朝秦楚,莅中国,而抚四夷也。以若所为,求若所欲,犹缘木而求鱼也。"引导方法:C _____。

第六步引导:引导宣王认识行霸道必败,行王道必胜的道理,要他采用"保民而王"的主张。内容要点:D _____。

引导方法:举邹楚之战说明行霸道必败(以小敌大,以寡敌众,以弱敌强是自取其败);再举"天下归心之状"说明行"王道"必胜。

第七步引导:阐述"保民而王"的具体措施。内容要点:E _____。

第三单元　兼　爱①（中）

《墨子》

　　墨子(生卒年不详),名翟(dí),东周春秋末期战国初期宋国人,是墨家学派的创始人,也是战国时期著名的思想家、教育家、科学家、军事家,是中国历史上唯一一个农民出身的哲学家。《墨子》是其弟子根据墨子生平事迹的史料,收集其语录编辑而成的,《兼爱》是其中一篇。"兼爱"是墨家学派的主要思想观点,墨家认为大到国家之间,小到人与人之间都需要兼爱。

　　子墨子言曰:仁人之所以为事者,必兴天下之利,除去天下之害,以此为事者也。"然则天下之利何也? 天下之害何也? 子墨子言曰:"今若国之与国之相攻,家之与家之相篡,人之与人之相贼,君臣不惠忠,父子不慈孝,兄弟不和调,此则天下之害也。然则②崇此害亦何用生哉③? 以不相爱生邪? 子墨子言:"以不相爱生。"今诸侯独知爱其国,不爱人之国,是以不惮举其国以攻人之国。今家主独知爱其家,而不爱人之家,是以不惮举其家以篡人之家。今人独知爱其身,不爱人之身,是以不惮举其身以贼人之身。是故诸侯不相爱,则必野战;家土不相爱,则必相篡;人与人不相爱,则必相贼;君臣不相爱,则不惠忠;父子不相爱,则不慈孝;兄弟不相爱,则不和调。天下之人皆不相爱,强必执弱,富必侮贫,贵必敖贱④,诈必欺愚。凡天下祸篡怨恨,其所以起者,以⑤不相爱生也。是以仁者非之⑥。

　　既以非之,何以易之? 子墨子言曰:以兼相爱、交相利之法易之⑦。"然则兼相爱、交相利之法将奈何哉? 子墨子言:"视人之国若视其国;视人之家若视其家;视人之身若视其身。是故诸侯相爱则不野战;家主相爱则不相篡;人与人相爱则不相贼⑧;君臣相爱则惠忠;父子相爱则慈孝;兄弟相爱则和调。天下之人皆相爱,强不执弱,众不劫寡,富不侮贫,贵不敖贱,诈不欺愚。凡天下祸篡怨恨可使毋起者,以相爱生也,是以仁者誉之。

　　然而今天下之士君子曰:"然! 乃若兼则善矣。虽然,天下之难物于故也⑨。"子墨子言曰:"天下之士君子,特不识其利、辩其故也。今若夫攻城野战,杀身为名,此天下百姓之所皆难也。苟君说之⑩,则士众能为之。况于兼相爱、交相利,则与此异。夫爱人者,人必从而爱之;利人者,人必从而利之;恶人者,人必从而恶之;害人者,人必从而害之。此何难之有? 特上弗以为政,士不以为行故也。"

　　昔者晋文公好士之恶衣,故文公之臣皆牂羊之裘,韦以带剑⑪,

练帛之冠，入以见于君，出以践于朝。是其故何也？君说之，故臣为之也。昔者楚灵王好士细要⑫，故灵王之臣皆以一饭为节，胁息然后带，扶墙然后起。比期年，朝有黧黑之色。是其故何也？君说之，故臣能之也。昔越王勾践好士之勇，教驯其臣，和合之，焚舟失火，试其士曰："越国之宝尽在此！"越王亲自鼓其士而进之，士闻鼓音，破碎乱行⑬，蹈火而死者左右百人有余。越王击金而退之。

是故子墨子言曰："乃若夫少食恶衣，杀人而为名，此天下百姓之所皆难也。若苟君说之，则众能为之。况兼相爱、交相利与此异矣。夫爱人者，人亦从而爱之；利人者，人亦从而利之；恶人者，人亦从而恶之；害人者，人亦从而害之。此何难之有焉？特上不以为政，而士不以为行故也⑭。

然而今天下之士君子曰：然！乃若兼则善矣。虽然，不可行之物也，譬若挈⑮太山越河济也。"子墨子言："是非其譬也。夫挈太山而越河济，可谓毕劫有力矣，自古及今未有能行之者也。况乎兼相爱、交相利则与此异。古者圣王行之，何以知其然？古者禹治天下，西为西河、渔窦，以泄渠孙皇之水；北为防原泒，注后之邸、嘑池之窦⑯，洒为底柱⑰，凿为龙门，以利燕、代、胡、貉与西河之民；东方漏之陆，防孟诸之泽，洒为九浍，以楗东土之水，以利冀州之民⑱；南为江、汉、淮、汝，东流之，注五湖之处，以利荆楚、干、越与南夷之民。此言禹之事，吾今行兼矣。昔者文王之治西土，若日若月，乍光于四方，于西土。不为大国侮小国，不为众庶侮鳏寡，不为暴势夺穑人黍稷狗彘。天屑临文王慈，是以老而无子者，有所得终其寿；连⑲独无兄弟者，有所杂于生人之间；少失其父母者，有所放依而长。此文王之事，则吾今行兼矣。昔者武王将事泰山，隧传曰⑳："泰山，有道曾孙周王有事，大事既获，仁人尚作，以祗商㉑夏蛮夷丑貉。虽有周亲，不若仁人。万方有罪，维予一人㉒。"此言武王之事，吾今行兼矣。

是故子墨子言曰：今天下之君子，忠实欲天下之富，而恶㉓其贫；欲天下之治而恶其乱，当兼相爱、交相利。此圣王之法，天下之治道也，不可不务为也。

【作品注释】

① 选自《墨子译注》，上海三联书店，2014年版。

② 然则：既然如此，那么。

③ 崇为："察"字之误。

④ 敖：通"傲"。

⑤ 以：因为。

⑥ 行："仁"字之误。

⑦ 以兼相爱、交相利之法易之：用人们全都相爱、交互得利的方法去改变它。易，改变。

⑧ 贼：残害。

⑨ 虽然，天下之难物于故也：即使如此，它也是天下一件难办而迂阔的事。"于"为"迂"之假借字，迂阔。

⑩ 说：通"悦"。

⑪ 故文公之臣，皆牂羊之裘，韦以带剑：所以文公的臣下都穿着母羊皮缝的裘，围着牛皮带来挂佩剑。牂（zāng）羊：母羊。韦：熟牛皮。

⑫ 细要：细腰。

⑬ 士闻鼓音，破碎乱行：将士听到鼓声，（争先恐后），打乱了队伍，"碎"疑为"阵"字之误。

⑭ 特士不以为政而士不以为行故也：只是居上位的人不用它行之于政，而士人不用它实之于行的缘故。"士"为"上"之误。

⑮ 挈：举起。

⑯ 北为防、原、派，注后之邸、嘑池之窦：北边疏通防水、原水、沠水，使之注入召之邸和滹沱河。"后"为"召"之误。

⑰ 洒为底柱：在黄河中的厎柱山分流。"底"为"厎"之误。

⑱ 东方漏之陆，防孟诸之泽，洒为九浍，以楗东土之水，以利冀州之民：东边穿泄大陆的迂水，拦入孟诸泽，分为九条河，以此限制东土的洪水，用来利于冀州的人民。

⑲ "连"为"矜"之假借字。

⑳ 隧传曰：于是陈述说，"隧"疑为"遂"字之误。

㉑ 祗（zhǐ）：拯救。

㉒ 万方有罪，维予一人：万方之人有罪，由我一人承当。

㉓ 恶：厌恶。

【文海导航】

　　无论是古代还是现在，人与人之间的互爱互利都是社会稳定的基石，而人与人之间的互怨互损将激发矛盾引发祸乱。

　　"兼爱"可算是一种古老的"博爱"思想，由儒家的"仁"和"礼运"的"不独亲其亲，不独子其子"发展而来。孔子将"爱人"含义的"仁"，加上了宗法等级制的内容，改造成了"忠恕"含义的"仁"；墨子主张"使天下兼相爱"，则又抽去了宗法等级制内容，因为庶人也是可以被举为天子的，等级制的界限已被打破了。所以，墨家的"兼爱"是对儒家"仁"的发展，更是对儒家"仁"的否定；在墨子看来，儒家不兼爱的"仁"，不能算是"仁"。

　　文章论述逻辑性强。第一段提出问题，人与人之间关系不融洽，已经成为天下的大害。第二段论述问题产生的原因。究其原因是诸侯之间、家族之间，人与人之间，只知道爱自己，缺乏"兼爱"。第三段提出"既以非之，何以易之"，也就是改变现状的方法，解决问题的措施："兼相爱、交相利。"但是新的问题产生了："乃若兼则善矣；虽然，天下之难物于故也。""兼爱"固然好，可是难以办到。墨子认为："此何难之有？特上弗以为政、士不以为行故也。"即居上位的人行之于政，士人则实之于行。最后一段，得出结论："今天下之君子，忠实欲天下之富，而恶其贫；欲天下之治,而恶其乱,当兼相爱、交相利。"

　　文章运用大量的论据,鲜明的对比,增强了文章的说服力。同时,句式整散结合,也为文章锦上添花。

【思考与练习】

　　1. 以"兼爱"为例,鉴赏《墨子》散文的说理特色。

　　2. 分析下面这段话的语言特色。

　　是故子墨子言曰:"今天下之君子,忠实欲天下之富,而恶其贫;欲天下之治,而恶其乱,当兼相爱、交相利。此圣王之法,天下之治道也,不可不务为也。"

第四单元　庄子寓言①

第一课　蜗角之争②

《庄子》

庄子,姓庄,名周,宋国蒙人,先祖是宋国君主宋戴公。他是东周战国中期著名的思想家、哲学家和文学家。是继老子之后,战国时期道家学派的代表人物。汉代以后,尊庄子为南华真人,因此《庄子》亦称《南华经》。其书与《老子》《周易》合称"三玄"。《庄子》一书主要反映了庄子的批判哲学、艺术、美学、审美观等。其内容丰富,博大精深,涉及哲学、人生、政治、社会、艺术、宇宙生成论等诸多方面。

惠子见③戴晋人。戴晋人曰:"有所谓蜗者,君知之乎?"曰:"然。""有国于蜗之左角者曰触氏④,有国于蜗之右角者曰蛮氏,时相与⑤争地而战,伏尸数万,逐北旬有五日而后反。⑥"君曰:"噫!其虚言与?"曰:"臣请为君实⑦之。君以意在四方上下有穷乎?"君曰:"无穷。"曰:"知游心于无穷,而反在通达之国,若存若亡⑧乎?"君曰:"然。"曰:"通达之中有魏,于魏中有梁,于梁中有王。王与蛮氏,有辩⑨乎?"君曰:"无辩。"客出而君惝然若有亡也。

【作品注释】

① 选自《庄子》,中华书局,1985 年版。
② 出自《庄子·则阳》,则阳:鲁国人,姓彭,名阳,字则阳。《则阳》这一章是说世界上是非征战没有意义,要淡然处之。
③ 见:现,使……现,意译为推荐。
④ 有国于蜗之左角者曰触氏:有在蜗牛的左触角上建立国家的,名字叫作触氏。
⑤ 相与:相互。
⑥ 逐北旬有五日而后反:他们追赶败兵,十五天才能够返回来。
⑦ 实:证实。
⑧ 知游心于无穷,而反在通达之国,若存若亡乎:如果把心神遨游无尽的境域之中,再返还到四通八达的各国之间,就感到似有似无的一样。
⑨ 辩:区别。

第二课 佝偻者承蜩⑩

仲尼适⑪楚,出于林中,见佝偻者承蜩,犹掇⑫之也。

仲尼曰:"子巧乎！有道邪?"曰:"我有道也。五六月累丸二而不坠,则失者锱铢⑬;累三而不坠,则失者十一;累五而不坠,犹掇之也。吾处身也,若厥株拘⑭;吾执臂也,若槁木之枝;虽天地之大,万物之多,而唯蜩翼之知⑮。吾不反不侧⑯,不以万物易蜩之翼,何为而不得！"

孔子顾谓弟子曰:"用志不分,乃凝于神,其佝偻丈人⑰之谓乎！"

【作品注释】

⑩ 选自《庄子·达生》,达,明白;生,生命。庄子认为养生的关键在于养神,要参透生死,抛弃名位,排除杂念,保持心地专一。佝偻者:曲背之病,驼背的人。承蜩:粘蝉,把蝉黏住。承,粘取;蜩,蝉。

⑪ 适:到。

⑫ 掇(duō):拾取。

⑬ 锱铢:古代重量单位,是相对很小的重量单位。锱铢用来比喻极微小的数量。现代汉语用"锱铢必较"来形容非常小气,也比喻气量狭小,很小的事也要计较。

⑭ 株拘(zhū jū):亦作"株枸",枯树根。

⑮ 唯蜩翼之知:一心只注意蝉的翅膀。

⑯ 不反不侧:不反身,不侧视,一动不动。形容精神集中,不因外物影响而乱动。

⑰ 丈人:古时对年老的人的尊称。

第三课　朝三暮四⑱

狙公赋芋⑲,曰:"朝三而暮⑳四。"众狙皆怒。曰:"然则㉑朝四而暮三。"众狙皆说。名实未亏㉒而喜怒为㉓用,亦因是也。

【作品注释】

⑱ 选自《庄子·齐物论》,物论就是人们对事物的评论,齐物论就是事物本身不分彼此,因而是齐同的;万物齐同,物论也应齐同。

⑲ 狙(jū)公赋芋(xù):有一个养猴子的人,喂猴子吃芋。狙公,好养猴子的人。赋,给予,这里指喂养。芋,橡子,橡果,似栗而小。

⑳ 暮:傍晚。

㉑ 然则:既然这样,那么。

㉒ 亏:损失。

㉓ 为:被。

第四课　鹓得腐鼠㉔

　　南方有鸟,其名曰鹓雏㉕,子知之乎? 夫鹓雏,发于南海而飞于
北海,非梧桐不止,非练实㉖不食,非醴泉㉗不饮。于是鸱㉘得腐鼠,
鹓雏过之,仰而视之曰:"吓!"

【作品注释】

㉔ 选自《庄子·秋水》,《秋水》全篇由两大部分组成。前一部分写北海海神跟河神的谈话,
　一问一答一气呵成,构成本篇的主体。后一部分别写了六个寓言故事,每个寓言故事自
　成一体。

㉕ 鹓雏(yuān chú):在中国民间传说中都是瑞鸟。古书上指像凤凰的鸟,并非凤凰。后用
　以比喻贤才或高贵的人。雏:同"鸰"。

㉖ 练实:竹子开花后结的果实,也称"竹米"。

㉗ 醴泉:清凉甘甜的泉水。醴,薄酒;泉水的味道像薄酒的,叫醴泉水,又叫甘泉。

㉘ 鸱(chī):《山海经》称"有鸟焉,一首而三身,其状如乐鸟,其名曰鸱"。

第五课　曳尾涂中㉙

　　庄子钓于濮水。楚王使大夫二人往先焉，曰："愿以境内累矣！"

　　庄子持竿不顾㉚，曰："吾闻楚有神龟，死已三千岁矣。王以巾笥㉛而藏之庙堂之上。此龟者，宁其死为留骨而贵乎？宁其生而曳尾于涂㉜中乎？"

　　二大夫曰："宁生而曳尾涂中。"庄子曰："往矣！吾将曳尾于涂中。"

【作品注释】

　　㉙ 选自《庄子·秋水》。

　　㉚ 顾：回头。

　　㉛ 巾笥：巾饰，竹箱。

　　㉜ 曳尾于涂：在泥水里拖着尾巴。涂：泥水。

第六课　子非鱼㉝

庄子与惠子游于濠梁㉞之上。

庄子曰："儵鱼㉟出游从容,是鱼之乐也。"

惠子曰："子非鱼,安知鱼之乐?"

庄子曰："子非我,安知我不知鱼之乐?"

惠子曰："我非子,固不知之矣;子固非鱼也,子之不知鱼之乐,全矣。"

庄子曰："请循其本。子曰'汝安知鱼之乐'云者,既已知吾知之而问我,我知之濠上也。"

【作品注释】

㉝ 选自《庄子·秋水》。

㉞ 濠梁,濠:古水名;梁:桥梁。

㉟ 儵(shū)鱼:俗称白鲦鱼,是北方水域中最为常见的、数量最为庞大的鱼。儵,是"倏"。

【文海导航】

庄子寓言表现出鲜明的隐喻特色。如"蜗角之争"比喻为了极小的事物而引起大的争执的意思。《佝偻者承蜩》说明了凡事只要专心致志,排除外界的一切干扰,艰苦努力,集中精力,勤学苦练,并持之以恒,就一定能有所成就,即使先天条件不足也不例外。《朝三暮四》本意是聪明的人善用手段,愚笨的人不善于辨别事情,后来比喻办事反复无常,经常变卦。

《庄子》中的大多数寓言具有独立性。课文所选《鸱得腐鼠》《曳尾涂中》《子非鱼》皆出自《秋水》,它们各有侧重,内在联系不是很明显。

庄子善用夸张手法,各种修辞方法。《则阳》中庄子把两国大战写成"蜗角之争"。建立在蜗牛左角上的触氏国与建立在蜗牛右角上的蛮氏国,为了争夺地盘而打仗,每次都要留下数万具尸体,追赶败兵十五天后才能返回。

《庄子》中的寓言大多是庄子精神的自由想象和对摆脱人生困境的途径的种种暗示,使特定的审美体验上升到以形象来表述的哲理高度,从而使某种抽象的本质化的观念获得感性生命的同时,也使无意蕴的感性事物获得理性生命。

庄子寓言通过一个个荒诞恢诡的寓言来传达作者的思想,而读者透过一个个夸张变形的寓言去理解作者的思想。他的特点首先是想象奇特,以幻想的形式创作寓言,其用天马行空的巧妙想象代替了对现实的如实描写,扩大了寓言的表现力。夸大变形,想象力极为丰富,语言运用自如,灵活多变,能把一些微妙难言的哲理说得引人入胜。

【思考与练习】

1. 写出后三则寓言的寓意。

2. 以课文中的任一寓言为例,分析庄子的语言艺术。

第五单元　五　蠹①

《韩非子》

韩非(约前280年—前233年),战国末期韩国的公子,思想家荀况的学生,先秦法家思想的集大成者。他的著作收集在《韩非子》中,共22卷55篇。

　　上古之世,人民少而禽兽众,人民不胜②禽兽虫蛇;有圣人作③,构木为巢以避群害,而民悦④之,使王天下⑤,号之曰⑥有巢氏。民食果蓏蚌蛤⑦,腥臊恶臭而伤害腹胃,民多疾病;有圣人作,钻燧取火⑧以化腥臊,而民说⑨之,使王天下,号之曰燧人氏。中古⑩之世,天下大水而鲧禹决渎⑪。近古之世,桀纣⑫暴乱而汤武⑬征伐。今有构木钻燧于夏后氏⑭之世者,必为鲧禹笑矣;有决渎于殷周之世者,必为汤武笑矣。然则今有美尧舜⑮、鲧禹、汤武之道于当今之世者,必为新圣⑯笑矣。是以圣人不期修古⑰,不法常可⑱,论⑲世之事,因为之备⑳。宋㉑人有耕者,田中有株㉒,兔走触株,折颈而死,因释其耒㉓而守株,冀㉔复得兔,兔不可复得而身㉕为宋国㉖笑。今欲以先王之政治当世之民,皆守株之类也。

　　古者丈夫㉗不耕,草木之实足食㉘也,妇人不织,禽兽之皮足衣㉙也,不事力而养足㉚,人民少而财㉛有余,故民不争。是以厚赏㉜不行,重罚不用,而民自治㉝。今人有五子不为多,子又有五子,大父㉞未死而有二十五孙。是以人民众而货财寡,事力劳而供养㉟薄,故民争;虽倍赏㊱累罚而不免于乱。

　　尧之王天下也,茅茨不剪㊲,采椽不斫㊳,粝粢之食㊴,藜藿之羹㊵,冬日麑㊷裘,夏日葛㊸衣,虽监门㊹之服养不亏于此矣。禹之王天下也,身执耒臿㊺以为民先㊻,股无胈,胫㊽不生毛,虽臣虏㊾之劳不苦于此矣。以是言之,夫古之让天子者,是去监门之养而离臣虏之劳也,故传天下而不足多㊿;今之县令,一日身死,子孙累世絜驾,故人重之。是以人之于让也,轻辞古之天子,难去今之县令者,薄厚之实异也。

　　夫山居而谷汲者,媵腊而相遗以水;泽居苦水者,买庸而决窦。故饥岁之春,幼弟不饷,穰岁之秋,疏客必食,非疏骨肉爱过客也,多少之心异也。是以古之易财,非仁也,财多也,今之争夺,非鄙也,财寡也;轻辞天子,非高也,势薄也,重争土橐,非下也,权重也。故圣人议多少、论薄厚为之政,故薄罚不为慈,诛严不为戾㉗，称俗㉗而行也。故事因于世而备适于事㉗。

古者文王处丰镐㉔之间，地方百里㉕，行仁义而怀西戎㉖，遂王天下。徐偃王㉗处汉东㉘，地方五百里，行仁义，割地而朝㉙者三十有六国，荆文王㉚恐其害己也，举兵伐徐，遂灭之。故文王行仁义而王天下，偃王行仁义而丧其国，是仁义用于古㉛而不用于今也。故曰世异则事异。

当舜之时，有苗㉜不服，禹将伐之，舜曰："不可。上德不厚而行武㉝，非道也。"乃修教㉞三年，执干戚舞㉟，有苗乃服。共工㊱之战，铁铦短者及乎敌㊲，铠甲不坚者伤乎体，是干戚用于古不用于今也。故曰事异则备变。

上古竞于道德㊳，中世逐于智谋，当今争于气力。

齐将攻鲁，鲁使子贡㊴说之。齐人曰："子言非不辩㊵也，吾所欲者土地也，非斯言所谓㊶也。"遂举兵伐鲁，去门十里以为界㊷。故偃王仁义而徐亡，子贡辩智而鲁削㊸，以是言之，夫仁义辩智非所以持国㊹也。去偃王之仁，息子贡之智，循㊺徐鲁之力，使敌万乘㊻，则齐荆之欲不得行于二国矣。

【作品注释】

① 本文节选自韩非《韩非子·五蠹》。五蠹，指当时社会上的五种人：学者（指战国末期的儒家）；言谈者（指纵横家）；带剑者（指游侠）；患御者（指依附贵族私门的人）；工商之民。韩非曰："此五者，邦之蠹也。"蠹，蛀虫。韩非认为这五种人无益于耕战，就像蛀虫那样有害于社会。

② 不胜：力不能敌。

③ 作：兴起、出现。

④ 悦：喜欢。

⑤ 王（wàng）天下：统治天下，为天下之王。

⑥ 号之曰：称之为。

⑦ 果蓏（luǒ）蛤（gé）：木实、瓜类、蚌蛤。蛤，蛤蜊，似蚌而圆。

⑧ 钻燧（suì）取火：钻燧木以取得火种。燧，用以钻火之木材。

⑨ 说（yuè）：通"悦"。

⑩ 中古：指距秦较远之时。

⑪ 鲧（gǔn）禹决渎（dú）：鲧和禹挖河（泄水）。鲧，禹（夏朝开国之君）之父。决，开挖。渎，水道，沟渠。古以江（长江）河（黄河）淮（淮河）济（济水，在山东入海）为四渎。传说鲧治水以堙（yīn，塞）为主，九年无功，被舜杀死；禹改用疏导之法，十三年水患始息。与本文所记有别。

⑫ 桀（jié）纣（zhòu）：桀，夏朝末代之暴君。纣，商朝末代之暴君。

⑬ 汤武：汤，殷朝开国之君。武，武王，周朝开国之君。

⑭ 夏后氏：夏朝开国之君禹。后，君主。

⑮ 尧舜：夏朝以前有盛名之二君主，尧传舜，舜传禹。

⑯ 新圣:新兴帝王。
⑰ 期修古:期,希求。修,习,治。修古,学习古法。
⑱ 法常可:效法可常行之道。常可,指旧制度。
⑲ 论:研讨。
⑳ 因为之备:从而为之做准备,采取措施。因,依,按照。备,采取措施。
㉑ 宋:春秋战国时国名,在今河南省商丘市一带。
㉒ 株:树橛子。
㉓ 释其耒(lěi):释,放下。耒,农具,状如木叉。
㉔ 冀:希望。
㉕ 身:本身,自己。
㉖ 国:指全国之人。
㉗ 丈夫:指男丁。
㉘ 足食:足够吃。
㉙ 衣(yì):动词,穿。
㉚ 不事力而养足:不从事劳动,而衣食充足。养,供养。
㉛ 财:财货,物资。
㉜ 厚赏:丰厚之赏赐。
㉝ 自治:自然就不乱。
㉞ 大父:祖父。
㉟ 供养:享用之物。
㊱ 倍赏:加倍赏赐。
㊲ 累罚:屡次惩罚。
㊳ 茅茨(cí)不剪:用茅草覆盖屋顶,而且没有修剪整齐。
㊴ 采椽不斫(zhuó):柞(zuò)木做屋椽,而且不加雕饰。斫,原作,加工。
㊵ 粝(lì)粢(zī)之食:粗粮饭。粝,粗米。粢,小米。
㊶ 藜(lí)藿(huò)之羹:野菜汤。藜,藿,皆草名。羹,带汤的蔬菜食品。
㊷ 麑(ní):小鹿。
㊸ 葛:麻布。
㊹ 监门:看门之人。
㊺ 臿(chā):掘土工具,锹。
㊻ 为民先:带头干。
㊼ 股无胈(bá):大股上没有毛。胈,股上之毛。
㊽ 胫:小腿。
㊾ 臣虏:奴隶。
㊿ 让天子:指尧舜禅(shàn)让。
(51) 不足多:不值得赞扬。多,赞美。
(52) 县令:一县之长。
(53) 一日身死:一旦死了。
(54) 絜(xié)驾:套车,此处指乘车,意为仍然阔气。絜,约束。
(55) 轻辞:轻易辞谢,以辞为轻易。

(56) 实：实际情况。

(57) 山居而谷汲：住在山中（高处）而自谷中（低处）汲水。谷，山涧。

(58) 膢（lóu）腊（là）：祭名。膢，二月祭，祭饮食之神。腊，腊月祭，祭百神。

(59) 遗（wèi）：馈赠。因得水难。

(60) 泽居苦水：住在洼地，苦于水涝。

(61) 买庸而决窦：雇人掘水道排水。窦，通水之路。

(62) 春：其时青黄不接，为缺粮季节。

(63) 幼弟不饷：虽幼弟之亲，亦不予之食。

(64) 穰（ráng）岁：丰年。

(65) 疏客：关系不深之客。

(66) 易：轻视。

(67) 鄙：低下，粗俗。

(68) 势薄：（天子）权势轻微。

(69) 土橐（tuó）：高职位。另一说，土，应作“士”，同“仕”，做官；橐，通“托”，托身于诸侯。

(70) 为之政：为政，行政。

(71) 戾（lì）：暴戾，残暴。

(72) 称（chèn）俗：适合世情。称，适合。

(73) 事因于世而备适于事：情况因时世不同而有异，措施应适合于当前时世的情况。

(74) 丰镐（hào）：二地名，皆在今陕西省西安市附近。

(75) 地方百里：占有之区域，方圆百里。

(76) 怀西戎：安抚西方各民族，使之归顺。怀，感化，安慰。

(77) 徐偃王：西周穆王时徐国国君，据今安徽省泗县一带。

(78) 汉东：汉水之东。

(79) 割地而朝：割地予徐而朝见徐偃王。

(80) 荆文王：楚文王。荆，楚之别称。楚文王在春秋时，与徐偃王不同时，有人认为“荆文王”的“文”是衍文。究竟是哪一个楚王，不可考。

(81) 用于古：适用于古代，古代可行。

(82) 有苗：舜时一部落，亦称三苗。有，助词，无义。

(83) 上德不厚而行武：在上位者德行微薄，而使用武力。上，指帝王。

(84) 修教：修整教化，推行教化。

(85) 执干戚舞：手持干戚而舞。干，盾；戚，斧；皆兵器。执之舞，化武器为舞具也。

(86) 共工：传说为上古主百工事的官，其后人以官为姓，世居江淮间。战争之史实不详。

(87) 铁铦（xiān）短者及乎敌：短武器亦能及敌人之身。极言战争激烈。铦一类兵器。

(88) 竞于道德：争以道德相高。下文“逐”“争”义同。

(89) 子贡：姓端木，名赐，字子贡，孔子弟子，以善外交辞令著名。

(90) 辩：言辞巧妙。

(91) 非斯言所谓：与你所说并非一回事。

(92) 去门十里以为界：以距鲁都城门十里处为国界。言所侵甚多。

(93) 削：土地减少（被侵占）。

(94) 非所以持国：不是可以用来管理国家的。

⑨ 循:依照。

⑨ 使敌万乘:用来抵挡大国(的侵略)。使,用。万乘,一万辆兵车,指大国。乘,四匹马驾一辆兵车。

【文海导航】

本文是体现韩非政治思想的重要篇章。主要内容是他根据对古今社会不断变迁的看法,论述法治应当适应时代的要求,并提出实际的权势比空头的仁义更有效,反对政治上顽固守旧的态度。韩非的议论,深刻周密,从大量的事实中分析归纳出结论,使自己的观点更具说服力。

《五蠹》节选部分共8段。第1段提出"圣人不期修古,不法常可"的观点,驳斥儒家"法先王"的保守主张。第2段从经济上分析古今之不同;第3段用对比例证说明禅让制度不能延续的原因;第4段用古今实例说明人们在经济方面的态度,进而影响人们的政治态度。第5段、6段从社会思想文化的角度,说明"事异而备变"的现状;第7段以"当今于气力"作结;第8段提出重视耕战,加强国力,以武力征服天下的主张。

就全文来看,8段的内容可以分为三部分。第1段为一部分,从社会发展的角度,用举例论证、比喻论证的方法,说明了中心论点的正确性。第2、3、4段为一部分,从社会经济状况的角度,采用对比论证的方法,论述法治应当适合时代的要求,反对政治上的顽固保守态度,有一定的进步意义(但把社会斗争的根源归结为财寡人多,就有一定的局限性了)。第5、6、7、8段,是文章的第三部分,从社会思想文化的角度,采用对比论证的方法。

作者善于从对客观事物的分析中得出结论。如从古代人们造屋、用火、治水的事实中,引出"圣人不期修古,不法常可"的结论。韩非的议论有分析具体、论证充分的特点。为了阐述一个观点,作者用了大量的论据,并做了具体的描述和分析,如对古代的社会情况,对尧和禹的生活艰辛都做了较为具体的述评。作者还采用设喻论道讲出居者、泽居者对水的态度,饥岁、穰年对食物的态度,这就是就近取譬。这些都可以帮助阐明观点,同时也使文章生动、活泼。此外,《韩非子》的语言与其他先秦诸子相比,显得浅显通俗,说理明白,易为人们理解、接受。

《五蠹》的作者韩非,是怎样集法家思想之大成而成为法家代表人物的?这是人们长期以来一直在思索的问题(因为韩非师从的荀子,原是儒家学派最后的一位代表人物)。《史记》只说韩非"喜刑名法术之学,而其归本于黄、老"。其实,韩非生活的年代,正处于战国的末期,儒家的"仁政"观点、"仁者爱人"的主张,已难以推行,诸侯纷争,恃强凌弱,武力兼并,战争频仍,已成为当时社会的普遍实况。封建领主都感到了自己的统治地位摇摇欲坠,朝不保夕。他们为了维护各自的统治,加紧镇压老百姓,纷纷提出"法治"的主张。这个时期,最早的法治著作有郑国子产作的《刑书》,魏国李悝作的《法经》。申不害提出重术,慎到提出重势,商鞅提出更法。韩非在前代法家学派诸家学说基础上,集其大成,提出以法治为中心的,法、术、势相结合的思想。他说:"君无术,则弊于上;臣无法,则乱于下。此不可一无,皆帝王之具也。"(《韩非子·定法》)韩非称法令为"名",以法赏罚叫"刑","人主欲将禁奸,则审合刑名。"(《韩非子·二柄》)韩非反对"是古非今",《五蠹》篇中,他提出历史发展是人的作用,而不是神的作用,而且韩非重视历史发展的经济因素,集各家之长而汇成自己的思想主张,所以韩非是法家思想的"集大成者"。

【思考与练习】

　　1. 仔细阅读本文,想一想,这篇文章的中心论点是什么? 这个论点是怎样提出来的?

　　2. 结合课文,谈谈《韩非子》的论证艺术。

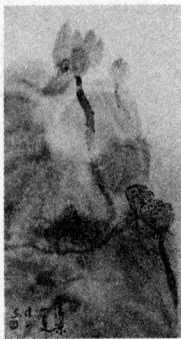

文人雅韵

中国古代文人的艺术情怀

《六一居士自传》有这样的记载,有人问六一居士欧阳修:"六一,何谓也?"欧阳修说:"吾家藏书一万卷,集录三代以来金石遗文一千卷,有琴一张,有棋一局,而常置酒一壶。"客人说:"是为五一尔,奈何?"欧阳修说:"以吾一翁,老于此五物之间,是岂不为六一乎?"琴棋书画似乎是古代文人的标配。

《论语》中记载:"鼓瑟希,铿尔,舍瑟而作。"说明孔子在教学中,有琴瑟相伴。西汉大文学家司马相如,有一段佳话"琴挑文君"。《史记·司马相如列传》:"是时卓王孙有女文君新寡,好音,故相如缪与令相重,而以琴心挑之。"不只如此,蔡文姬作《胡笳十八拍》,嵇康作《广陵散》,东汉的桓谭、刘向、马融等也是弹琴的高手。琴成了文人抒情写意、修身养性与接受教育的必备工具。南京西善桥南朝大墓砖刻《竹林七贤图》即是此景的生动写照。

中国文人与棋,似乎天生就有着一种缘分。汉代大文学家扬雄的《方言》说:"围棋谓之弈。自关而东齐鲁之间皆谓之弈。""建安七子"之一的王粲曾作《围棋赋》,称"清灵体道,稽谟玄神,围棋是也"。刘义庆《世说新语·巧艺第二十一》中记载:"王中郎以围棋为坐隐,支公以围棋为手谈。""坐隐"和"手谈"这两个围棋术语源于此。到了唐代,围棋似乎是一门"必修课","诗圣"杜甫就一生与围棋"不离不弃",留下许多关于"棋"的诗句:"且将棋度日,应用酒为年"(《寄贾司马严使君》),"老妻画纸为棋局"(《江村》),"棋局动随寻涧竹"(《因许八奉寄江宁旻(mín)上人》)。岑参有诗"吾徒在舟中,纵酒兼弹棋"(《敬酬杜华淇上见赠,兼呈熊曜》),高适亦云"弹棋击筑白日晚,纵酒高歌杨柳春"(《别韦参军》)。到了中唐,白居易时常"夜棋三数局"。北宋文学家、政治家范仲淹立志"吾当著棋史"(《赠棋者》)。思维缜密的围棋与思维发散的文学结缘,他们重点不在胜负输赢,而是从棋中悟出人生。

笔墨纸砚是写文章的工具，书法当然更是文人须臾不可离开的艺术修养。由此衍生出"文人书法"：书法中带有文人之性质，含有文人之趣味，除了讲究书法外，必须于书法外蕴含文人感想。品味文人书法重点不是"书法中"的格局技巧等，而在于书法之外的文人气象与寄托。著名的文人书法家苏轼、黄庭坚的书法与米芾、蔡襄合成"宋四家"。唐宋八大家之一的曾巩的书法作品《局事帖》，拍出以 2.07 亿元的天价，称得上是"一字千金"。因其广博的文化涵养，古代文人书法一直占据中国书法艺术的主导地位，影响着古代文人书法艺术的价值取向。

在古代，中国画画家由民间画家、院体画家和文人画家三部分组成。文人画家就是那些指在绘画上有所成就的文人士大夫。文人画代表人物有：魏晋南北朝顾恺之，隋唐五代的吴道子、阎立本、王维，宋代的苏轼、李成，明代的文征明，元朝的黄公望、赵孟頫，清朝的八大山人、石涛、郑板桥等。"文人画"大都取材于山水、花鸟、梅兰竹菊和木石等，借以发写个人抱负。杜甫讲"意匠惨淡经营中"，匠心独运，可回味无穷。赵孟頫有诗云："石如飞白木如籀，写竹还需八法通。若也有人能会此，须知书画本来同。"鉴赏古代文人画，除了绘画艺术之外，他们在绘画作品当中表现出来的艺术情怀更是宝贵的财富。陈衡恪在《文人画之价值》中谈到文人画时说："第一人品，第二学问，第三才情，第四思想，具此四者，乃能完善。"

古代文人除了琴棋书画，他们还嗜好篆刻金石，我国古代的金石学是考古学的前身，欧阳修是金石学的开创者，赵明诚的《金石录》提出"金石"一词，李清照赵明诚夫妇有《金石录》传世。

古代文人精于茶道的不在少数，苏轼的茶艺修养甚高，他在《寄周安孺茶》列举自己饮茶故事："粤自少年时，低回客京毂，虽非曳裾者，庇荫或华屋，颇见绮纨中，齿牙厌梁肉，小龙得屡试，粪土视珠玉，团凤与葵花，碔砆杂鱼目……未数日注卑，定知双井辱，于兹自研讨，至味识五六。自尔入江湖，寻僧访幽独，高人固多暇，探究亦颇熟……自云叶家白，颇胜山中醅，好是一杯深，午窗春睡足，清风击两腋，去欲凌鸿鹄，嗟我乐何深，水经亦屡读……如今老且懒，细事百不欲，美恶两俱忘，谁能强追逐……何尝较优劣，但喜破睡速……幽人无一事，午饭饱蔬菽。困卧北窗风，风微动窗竹。乳瓯十分满，人世真局促。意爽飘欲仙，头轻快如沐……"可见他品尝过不少好茶，了解个中真意。他写晚年饮茶之情景："柘罗铜碾弃不用，脂麻白土须盆研，故人犹作旧眼看，谓我好尚知当年，沙溪北苑强分别，水脚一线争谁先……老妻稚子不知爱，一半已入姜盐煎，人生所遇无不可，南北嗜好知谁贤……"苏轼不仅留下了"东坡肉"，还留下了"东坡茶"，烹茶、用水、饮茶皆有自己独到的心得，他认为每餐后，以浓茶漱口，口中烦腻既去，牙齿也得以日渐坚密。他认为茶可以祛病，其诗曰："示病维摩原不病，在家灵运已忘家。何须魏帝一丸药，且尽卢仝七碗茶。"茶道亦人生，静下来品茶，亦是对人生的思考。

古代文人的琴棋书画，金石茶道，只是他们生活的一种调剂，这种艺术情怀，是他们齐家治国平天下之余的一种沉潜吧。

第一单元 洛神赋①

曹 植

曹植(192年—232年),字子建,沛国谯县(今安徽省亳州市)人,生前曾为陈王,去世后谥号"思",因此又称陈思王。三国时期著名文学家,作为建安文学的代表人物之一与集大成者,其代表作有《洛神赋》《白马篇》《七哀诗》等。后人因其文学上的造诣而将他与曹操、曹丕合称为"三曹",其诗以笔力雄健和词采华茂见长。

黄初三年②,余朝京师③,还济洛川④。古人有言,斯水之神。名曰宓妃⑤。感宋玉对楚王说神女之事⑥,遂作斯赋。其词曰:

余从京域⑦,言归东藩⑧,背伊阙⑨,越轘辕⑩,经通谷⑪,陵景山⑫。日既西倾,车殆马烦⑬。尔乃税驾乎蘅皋⑭,秣驷乎芝田⑮,容与乎阳林⑯,盼乎洛川⑰。于是精移神骇⑱,忽焉思散⑲。俯则未察,仰以殊观⑳。睹一丽人,于岩之畔㉑。乃援御者而告之曰:"尔有觌㉒于彼者乎?彼何人斯,若此之艳也!"御者对曰:"臣闻河洛之神,名曰宓妃。然则君王之所见也,无乃是乎!其状若何?臣愿闻之。"

余告之曰:其形也,翩若惊鸿,婉若游龙㉔。荣曜秋菊,华茂春松㉕。髣髴兮若轻云之蔽月,飘飖兮若流风之回雪㉖。远而望之,皎若太阳升朝霞㉗,迫而察之,灼若芙蕖出渌波㉘。秾纤得中,修短合度㉙。肩若削成,腰如约素㉚。延颈秀项㉛,皓质呈露㉜。芳泽无加,铅华弗御㉝。云髻峨峨,修眉联娟㉟。丹唇外朗,皓齿内鲜㊱。明眸善睐㊲,靥辅承权㊳。瑰姿艳逸㊴,仪静体闲㊵。柔情绰态,媚于语言。奇服旷世㊸,骨像应图㊹。披罗衣之璀粲兮㊺,珥瑶碧之华琚㊻。戴金翠之首饰,缀明珠以耀躯。践远游之文履㊼,曳雾绡之轻裾㊽。微幽兰之芳蔼兮㊾,步踟蹰于山隅㊿。于是忽焉纵体,以遨以嬉○。左倚采旄○,右荫桂旗○。攘皓腕于神浒兮○,采湍濑之玄芝○。

余情悦其淑美兮,心振荡而不怡○。无良媒以接欢兮,托微波而通辞○。愿诚素之先达○兮,解玉佩而要之○。嗟佳人之信修○兮,羌习礼而明诗○。抗琼珶以和予兮○,指潜渊而为期○。执眷眷之款实兮○,惧斯灵之我欺○!感交甫之弃言兮○,怅犹豫而狐疑。收和颜而静志兮○,申礼防以自持○。

于是洛灵感焉,徙倚彷徨○。神光离合,乍阴乍阳○。竦轻躯以鹤立○,若将飞而未翔。践椒途之郁烈○,步蘅薄而流芳○。超长吟以永慕兮,声哀厉而弥长○。尔乃众灵杂遝○,命俦啸侣○。或戏清流，或翔神渚㉙，或采明珠，或拾翠羽㉚。从南湘之二妃㉛，携汉滨之游女㉜。叹匏瓜之无匹兮，咏牵牛之独处㉝。扬轻袿之猗靡兮㉞，翳修袖以延伫㉟。体迅飞凫，飘忽若神。凌波微步，罗袜生尘㊱。动无常则，若危若安。进止难期㊲，若往若还。转眄流精㊳，光润玉颜。含辞未吐，气若幽兰㊴。华容婀娜，令我忘餐。

于是屏翳收风，川后静波㊶，冯夷鸣鼓㊷，女娲清歌㊸。腾文鱼以警乘，鸣玉銮以偕逝㊹。六龙俨其齐首，载云车之容裔㊺。鲸鲵踊而夹毂㊻，水禽翔而为卫。于是越北沚㊼，过南冈，纡素领，回清扬㊽。动朱唇以徐言，陈交接之大纲。恨人神之道殊兮，怨盛年之莫当㊾。抗罗袂以掩涕兮，泪流襟之浪浪㊿。悼良会之永绝兮，哀一逝而异乡⓿。无微情以效爱兮⓫，献江南之明珰⓬。虽潜处于太阴，长寄心于君王⓭。忽不悟其所舍，怅神宵而蔽光⓮。

于是背下陵高⓯，足往心留。遗情想像⓰，顾望怀愁。冀灵体之复形⓱，御轻舟而上溯⓲。浮长川而忘反⓳，思绵绵而增慕。夜耿耿而不寐，沾繁霜而至曙。命仆夫而就驾，吾将归乎东路。揽𬊤辔以抗策，怅盘桓而不能去⓴。

【作品注释】

① 选自《曹植集校注》，中华书局，2018年版。洛神：传说古帝宓（fú）羲氏之女溺死洛水而为神，故名洛神，又名宓妃。

② 黄初：魏文帝曹丕年号，公元220年—226年。

③ 京师：京城，指魏都洛阳。

④ 济：渡。洛川：即洛水，源出陕西，东南入河南，流经洛阳。

⑤ 斯水：此水，指洛川。

⑥ 宋玉对楚王神女之事：传为宋玉所作的《高唐赋》和《神女赋》，都记载宋玉与楚襄王对答梦遇巫山神女事。

⑦ 京城：京都地区，指洛阳。

⑧ 言：语助词。东藩：东方藩国，指曹植的封地。黄初三年，曹植被立为鄄城（即今山东鄄城县）王，城在洛阳东北方向，故称东藩。

⑨ 伊阙：山名，又称阙塞山、龙门山，在河南洛阳南。

⑩ 轘（huán）辕：山名，在今河南偃师县东南。

⑪ 通谷：山谷名。在洛阳城南。

⑫ 陵：登。景山：山名，在今偃师县南。

⑬ 殆：通"怠"，懈怠。一说指危险。烦：疲乏。

⑭ 尔乃：承接连词，于是就。税驾：停车。税，舍，置。驾，车乘总称。蘅皋：生着杜蘅的河岸。蘅，杜蘅，香草名。皋，岸。

⑮ 秣驷：喂马。驷，一车四马，此泛指驾车之马。芝田：种着灵芝草的田地，此处指野草繁茂之地。一说为地名，指河南巩县西南的芝田镇。

⑯ 容与：悠然安闲貌。阳林：地名。

⑰ 流眄(miǎn)：纵目四望。眄，斜视。一作"流盼"，目光流转顾盼。

⑱ 精移神骇：神情恍惚。骇，散。

⑲ 忽焉：急速貌。思散：思绪分散，精神不集中。

⑳ 殊观：少见的异常现象。

㉑ 岩之畔：山岩边。

㉒ 援：以手牵引。御者：车夫。

㉓ 觌(dí)：看见。

㉔ "翩若"二句：翩然若惊飞的鸿雁，蜿蜒如游动的蛟龙。翩，鸟疾飞的样子，此处指飘忽摇曳的样子。惊鸿，惊飞的鸿雁。婉，蜿蜒曲折。这两句是写洛神的体态轻盈宛转。

㉕ "荣曜(yào)"二句：容光焕发如秋日下的菊花，体态丰茂如春风中的松树。荣，丰盛。曜，日光照耀。华茂，华美茂盛。这两句是写洛神容光焕发充满生气。

㉖ "髣髴"二句：时隐时现像轻云遮住月亮，浮动飘忽似回风旋舞雪花。髣髴，若隐若现的样子。飘飘，飞翔貌。回，回旋，旋转。这两句是写洛神的体态婀娜，行动飘忽。

㉗ 皎：洁白光亮。太阳升朝霞：太阳升起于朝霞之中。

㉘ 迫：靠近。灼：鲜明，鲜艳。芙蕖：一作"芙蓉"，荷花。渌(lù)：水清貌。以上两句是说，不论远远凝望还是靠近观看，洛神都是姿容绝艳。

㉙ 秾：花木繁盛。此指人体丰腴。纤：细小。此指人体苗条。

㉚ 修短：长短，高矮。以上两句是说洛神的高矮肥瘦都恰到好处。

㉛ "肩若"二句：肩窄如削，腰细如束。削成，形容两肩瘦削下垂的样子。约素，一束白绢。素，白细丝织品。这两句是写洛神的肩膀和腰肢线条圆美。

㉜ 延、秀：均指长。颈：脖子的前部。项：脖子的后部。

㉝ 皓：洁白。呈露：显现，外露。

㉞ "芳泽"二句：既不施脂，也不敷粉。泽，润肤的油脂。铅华，粉。古代烧铅成粉，故称铅华。不御，不施。御，用。

㉟ 云髻：发髻如云。峨峨：高耸貌。

㊱ 联娟：微曲貌。

㊲ "丹唇"二句：红唇鲜润，牙齿洁白。朗，明润。鲜，光洁。

㊳ 眸：目中瞳子。睐(lài)：顾盼。

㊴ 靥(yè)：酒窝。辅：面颊。承权：在颧骨之下。权，颧骨。

㊵ 瑰：同"瑰"，奇妙。艳逸：艳丽飘逸。

㊶ 仪：仪态。闲：娴雅。

㊷ 绰：绰约，美好。

㊸ 奇服：奇丽的服饰。旷世：举世唯有。旷，空。

㊹ 骨像：骨骼形貌。应图：指与画中人相当。

㊺ 璀粲：鲜明貌。一说为衣动的声音。

㊻ 珥：珠玉耳饰。此用作动词，作佩戴解。瑶、碧：均为美玉。华琚：刻有花纹的佩玉。琚：佩玉名。

㊼ 翠：翡翠。首饰：指钗簪一类饰物。

㊽ 践：穿，着。远游：鞋名。文履：饰有花纹图案的鞋。

㊾ 曳：拖。雾绡：轻薄如雾的绡。绡，生丝。裾：裙边。

㊿ 微:轻微。芳蔼:香气。

51 踟蹰:徘徊。隅:角。

52 "于是"二句:忽然又飘然轻举,且行且戏。纵体,身体轻举貌。遨,游。

53 采旄(máo):彩旗。采,同"彩"。旄,旗竿上旄牛尾饰物,此处指旗。

54 桂旗:以桂木做旗杆的旗,形容旗的华美。

55 攘:此指挽袖伸出。神浒:为神所游之水边地。浒,水边泽畔。

56 湍濑:石上急流。玄芝:黑色芝草,相传为神草。

57 "余情"二句:我喜欢淑美的她,又担心被拒绝,不觉不安起来。振荡,形容心动荡不安。怡,悦。

58 "无良媒"二句:没有合适的媒人去通接欢情,就只能借助微波来传递话语。微波,一说指目光。

59 诚素:真诚的情意。素,同"愫",情愫。

60 要:同"邀",约请。

61 信修:确实美好。修,美好。

62 羌:发语词。习礼:懂得礼法。明诗:善于言辞。这句意指有很好的文化教养。

63 抗:举起。琼珶(dì):美玉。和:应答。

64 "指潜川"句:指深水发誓,约期相会。潜川,深渊,一说指洛神所居之地。期,会。

65 眷眷:依恋貌。款实:诚实。

66 斯灵:此神,指宓妃。我欺:即欺我。

67 交甫:郑交甫。《文选》李善注引《神仙传》:"切仙一出,游于江滨,逢郑交甫。交甫不知何人也,目而挑之,女遂解佩与之。交甫行数步,空怀无佩,女亦不见。"弃言:背弃承诺。

68 狐疑:疑虑不定。因为想到郑交甫曾经被仙女遗弃,故此内心产生了疑虑。

69 收和颜:收起和悦的容颜。静志:镇定情志。

70 申:施展。礼防:礼法,礼能防乱,故称礼防。自持:自我约束。

71 徙倚:流连徘徊。

72 "神光"二句:洛神身上放出的光彩忽聚忽散,忽明忽暗。

73 竦(sǒng):耸。鹤立:形容身躯轻盈飘举,如鹤之立。

74 椒途:涂有椒泥的道路,一说指长满香椒的道路。椒,花椒,有浓香。

75 蘅薄:杜蘅丛生地。流芳:散发香气。

76 "超长吟"二句:怅然长吟以表示深沉的思慕,声音哀婉而悠长。超,惆怅。永慕,长久思慕。厉,疾。弥,久。

77 众灵:众仙。杂沓:纷纭,多而乱的样子。

78 命俦啸侣:招呼同伴。俦,伙伴、同类。

79 渚:水中高地。

80 翠羽:翠鸟的羽毛。

81 南湘之二妃:指娥皇和女英。据刘向《列女传》载,尧以长女娥皇和次女女英嫁舜,后舜南巡,死于苍梧。二妃往寻,自投湘水而死,为湘水之神。

82 汉滨之游女:汉水之女神,即前注中郑交甫所遇之神女。

83 "叹匏瓜"二句:为匏瓜星的无偶而叹息,为牵牛星的独处而哀咏。匏瓜,星名,又名天鸡,在河鼓星东。无匹,无偶。牵牛,星名,又名天鼓,与织女星各处天河之旁。相传每年七月七日才得一会。

(84) 袿(guī):妇女的上衣。猗(yī)靡:随风飘动貌。

(85) 翳(yì):遮蔽。延伫:久立。

(86) 凫:野鸭。

(87) "凌波"二句:在水波上细步行走,溅起的水沫附在罗袜上如同尘埃。凌,踏。尘,指细微四散的水沫。

(88) 难期:难料。

(89) "转眄"句:转眼顾盼之间流露出奕奕神采。流精,形容目光流转而有光彩。

(90) "气若"句:形容气息香馨如兰。

(91) 屏翳:传说中的众神之一,司职说法不一,或以为是云师,或以为是雷师,或以为是雨师,在此篇中被曹植视作风神。川后:传说中的河神。

(92) 冯(píng)夷:传说中的水神。

(93) 女娲:女神名,相传笙簧是她所造,所以这里说"女娲清歌"。

(94) "腾文鱼"二句:飞腾的文鱼警卫着洛神的车乘,众神随着叮当作响的玉鸾一齐离去。腾,升。文鱼,神话中一种能飞的鱼。警乘,警卫车乘。玉銮,鸾鸟形的玉制车铃,动则发声。偕逝,俱往。

(95) 六龙:相传神出游多驾六龙。俨:庄严的样子。齐首:六龙齐头并进。

(96) 云车:相传神以云为车。容裔:即"容与",舒缓安详貌。

(97) 鲸鲵(ní):即鲸鱼。水栖哺乳动物,雄者称鲸,雌者称鲵。毂(gǔ):车轮中用以贯轴的圆木,这里指车。

(98) 沚:水中小块陆地。

(99) "纡素领"二句:洛神不断回首顾盼。纡,回。素领,白皙的颈项。清扬,形容女性清秀的眉目。

(100) 交接:结交往来。

(101) 盛年:少壮之年。莫当:无匹,无偶,即两人不能结合。

(102) "抗罗袂"二句:举起罗袖掩面而泣,止不住泪水涟涟沾湿了衣襟。抗,举。袂,衣袖。浪浪,水流不断貌。

(103) "悼良会"二句:痛惜这样美好的相会永不再有,哀叹长别从此身处两地。

(104) 效爱:致爱慕之意。

(105) 明珰:以明月珠做的耳珰。

(106) "虽潜"二句:虽然幽居于神仙之所,但将永远怀念着君王。潜处,深处,幽居。太阴,众神所居之处。君王,指曹植。

(107) "忽不悟"二句:洛神说毕忽然不知去处,我为众灵一时消失隐去光彩而深感惆怅。不悟,不见,未察觉。所舍,停留、止息之处。宵,通"消",消失。蔽光,隐去光彩。

(108) 背下:离开低地。陵高:登上高处。

(109) 遗情:留情,情思流连。想像:指思念洛神的美好形象。

(110) 灵体:指洛神。

(111) 上溯:逆流而上。

(112) 长川:指洛水。"反"通"返"。

(113) 耿耿:心神不安的样子。

⑭"揽騑辔"二句：当手执马缰，举鞭欲策之时，却又怅然若失，徘徊依恋，无法离去。騑(fēi)，车旁之马。古代驾车称辕外之马为騑或骖，此泛指驾车之马。辔，马缰绳。抗策，犹举鞭。盘桓，徘徊不进貌。

【文海导航】

《洛神赋》在历史上有着非常广泛和深远的影响。晋代大书法家王献之曾经写过《洛神赋》，大画家顾恺之受《洛神赋》启发，而绘制出《洛神赋图》，这为书苑和画坛增添了传世的精品。宋元明时期，一些剧作家又将《洛神赋》的故事搬上舞台，其中明代文学家汪道昆的《陈思王悲生洛水》比较著名。至于历代作家以此为题材的诗词歌赋，则更是多得难以计数。

关于《洛神赋》的主旨，历来有较大争议，当前主要有三种观点。

第一种观点：甄氏说。

这种观点认为曹植《洛神赋》中的"洛神"指的就是自己的嫂嫂甄氏。曹植天赋异禀，十岁左右便能撰写诗赋，很受曹操及其幕僚的欣赏。当时曹操正醉心于他的霸业，曹丕也授有官职，而曹植则因年纪尚小，又生性不喜争战，得以与甄妃朝夕相处，感情深厚。曹丕登基后，甄氏被封为妃。

甄氏去世后，曹丕遂将甄氏的遗物玉镂金带枕送给了曹植。曹植睹物思人，在返回封地时，夜宿舟中，恍惚之间，遥见甄妃凌波御风而来，曹植一惊而醒，原来是南柯一梦。回到鄄城，曹植脑海里还在翻腾着与甄后洛水相遇的情景，于是文思激荡，写了一篇《感甄赋》。四年后(234年)，明帝曹睿继位八年后，为避母名讳，遂改为《洛神赋》。

第二种观点：君王说。

这种观点认为，所谓的"洛神"并不是甄氏，甚至曹植和甄氏也没有发生过恋情。

宋人刘克庄说，这是好事之人乃"造甄后之事以实之"。明人王世贞又说："令洛神见之，未免笑子建(曹植字)伧父耳。"清代又有何焯、朱乾、潘德舆、丁晏、张云等人，反对洛神即甄氏说。

把他们的论点综合起来，大概有如下几点：

第一，纳甄氏时曹丕18岁，甄氏23岁，而曹植仅13岁。对于一个比自己年长十岁的已婚女子，曹植不太可能有过多的想法。丕与植兄弟之间因为政治的斗争，本来就很紧张，《感甄赋》若是为甄氏而写，不怕掉脑袋了吗？

第二，图谋兄妻，这是"禽兽之恶行"，"其有污其兄之妻而其兄晏然，污其兄子(指明帝)之母而兄子晏然，况身为帝王者乎？"从曹植的为人看，虽也有行为放任、不拘礼法，但绝不会做出这类有违伦理的事来。

第三，曹植在赋中已表明"感宋玉对楚王神女之事，遂作斯赋"，是有感于宋玉的《神女赋》《高唐赋》两篇赋而作。可能是写给其兄魏文帝曹丕的。隐喻君臣大义说较为流行。

第三种观点:亡妻崔氏说。

一直以来,甄氏说都占据着主流,而君王论也时而露露头角。几年前,学术界另一种观点横空出世,认为《洛神赋》所描写的其实是曹植的亡妻崔氏。崔氏为名士崔琰兄之女,嫁给曹植为妻室,后因穿衣太过华丽被曹操所杀。之后好多年,曹植都没续正室。《洛神赋》,其实是曹植怀念当年与妻崔氏一同度过的美好时光有感而作,其形象鲜明而具体,绝不似想象。其中"执眷眷之款实兮,惧斯灵之我欺。感交甫之弃言兮,怅犹豫而狐疑"四句,是埋怨妻子为何当年抛下自己独自去了,使得此刻"人神之道殊",天人两隔。"虽潜处于太阴,长寄心于君王",模拟崔氏心理描写,虽然处于阴间,但心里还是挂念着曹植。"叹匏瓜之无匹兮,咏牵牛之独处"。匏瓜本是一个整体,如今分而无匹,牵牛织女本是一对,如今只剩自己一人,都是反映由成对而分开的情形,来形容曹植与崔氏非常合适,而来形容甄氏实为不妥。

【思考与练习】

1. 如何看待《洛神赋》的主旨?

2. 南朝宋文学家谢灵运曾说:"天下才有一石,曹子建独占八斗。"文学批评家钟嵘在《诗品》中,把他列为品第最高的诗人。清代文学家王士禛尝曾说汉魏以来两千年间诗家堪称"仙才"者,曹植、李白、苏轼三人耳。

你同意他们的说法吗? 请结合《洛神赋》谈谈你的认识。

第二单元 兰亭集序①

王羲之

王羲之(303年—361年,一作321年—379年),字逸少,汉族,琅琊临沂(今山东临沂)人。东晋时期著名书法家,有"书圣"之称。代表作《兰亭序》被誉为"天下第一行书"。在书法史上,他与其子王献之合称为"二王"。

永和②九年,岁在癸丑③,暮春④之初,会于会稽山阴之兰亭,修禊⑥事也。群贤⑦毕至⑧,少长咸集⑨。此地有崇山峻岭⑩,茂林修竹⑪,又有清流激湍⑫,映带左右⑬,引以为流觞⑭曲水,列坐其次⑮。虽无丝竹管弦之盛,一觞一咏⑯,亦足以畅叙幽情⑰。

是日也,天朗气清,惠风和畅⑱。仰观宇宙之大,俯察品类之盛⑲,所以游目骋怀⑳,足以极视听之娱,信可乐也。

夫人之相与,俯仰一世㉑。或取诸㉒怀抱,悟言㉓一室之内;或因寄所托,放浪形骸之外㉕。虽趣舍万殊㉖,静躁不同,当其欣于所遇,暂得于己,快然自足㉗,不知老之将至㉘;及其所之既倦㉙,情随事迁,感慨系之矣㉚。向㉛之所欣,俯仰之间,已为陈迹,犹不能不以之兴怀㉜,况修短随化㉝,终期㉞于尽!古人云:"死生亦大矣。"岂不痛哉!

每览昔人兴感之由,若合一契㉟,未尝不临文嗟悼㊱,不能喻㊲之于怀。固知一死生为虚诞,齐彭殇为妄作㊳。后之视今,亦犹今之视昔,悲夫!故列叙时人㊴,录其所述,虽世殊事异,所以兴怀,其致一也㊵。后之览者,亦将有感于斯文㊶。

【作品注释】

① 选自《晋书·王羲之传》,中华书局,2000年版。

② 永和:东晋皇帝司马聃(晋穆帝)的年号,从公元345—356年共12年。

③ 癸丑:干支纪年。

④ 暮春:阴历三月。暮,晚。

⑤ 会于会稽山阴之兰亭,会:集会。会稽(kuài jī):郡名,今浙江绍兴。永和九年上巳节,王羲之与谢安,孙绰等41人,举行禊礼,饮酒赋诗,事后将作品结为一集,由王羲之写了这篇序总述其事。

⑥ 修禊(xì)事也:古代习俗,于阴历三月上旬的巳日(魏以后定为三月三日),人们群聚于水滨嬉戏洗濯,以拔除不祥和求福。实际上这是古人的一种游春活动。

⑦ 群贤:诸多贤士能人。指谢安等三十二位社会的名流。贤:形容词做名词。

⑧ 毕至:全到。毕,全、都。

⑨ 少长:如王羲之的儿子王凝之、王徽之是少;谢安、王羲之等是长。咸:都。

⑩ 崇山峻岭:高峻的山岭。

⑪ 修竹:高高的竹子。修,高高的样子。

⑫ 激湍:流势很急的水。

⑬ 映带左右:辉映点缀在亭子的周围。映带,映衬、围绕。

⑭ 流觞(shāng)曲(qū)水:用漆制的酒杯盛酒,放入弯曲的水道中任其漂流,杯停在某人面前,某人就引杯饮酒。这是古人一种劝酒取乐的方式。流,使动用法。曲水,引水环曲为渠,以流酒杯。

⑮ 列坐其次:列坐在曲水之旁。列坐,排列而坐。次,旁边,水边。

⑯ 一觞一咏:喝着酒作着诗。

⑰ 幽情:幽深内藏的感情。

⑱ 惠风:和风。和畅,缓和。

⑲ 品类之盛:盛,繁多。品类:指自然界的万物。

⑳ 所以:用来。骋:使……奔驰。

㉑ 极:穷尽。信:实在。

㉒ 夫人之相与,俯仰一世:人与人相交往,很快便度过一生。夫,句首发语词,不译。相与,相处、相交往。俯仰,表示时间的短暂。

㉓ 诸:之于。

㉔ 悟言:面对面的交谈。悟,通"晤"。

㉕ 因寄所托,放浪形骸之外:就着自己所爱好的事物,寄托自己的情怀,不受约束,放纵无羁的生活。因,依、随着。寄,寄托。所托,所爱好的事物。放浪,放纵、无拘束。形骸,身体、形体。

㉖ 趣(qǔ)舍万殊:各有各的爱好。趣舍,即取舍,爱好。趣,通"取"。万殊,千差万别。

㉗ 快然自足:感到高兴和满足。然:……的样子。

㉘ 不知老之将至:(竟)不知道衰老将要到来。语出《论语·述而》:"其为人也,发愤忘食,乐以忘忧,不知老之将至云尔。"

㉙ 所之既倦:(对于)所喜爱或得到的事物已经厌倦。之,往、到达。

㉚ 感慨系之:感慨随着产生。系,附着。

㉛ 向:过去、以前。

㉜ 以之兴怀:因它而引起心中的感触。以,因。之,指"向之所欣……以为陈迹"。兴,发生、引起。

㉝ 修短随化:寿命长短听凭造化。化,自然。

㉞ 期:至,及。

㉟ 契:符契,古代的一种信物。在符契上刻上字,剖而为二,各执一半,作为凭证。

㊱ 临文嗟(jiē)悼:读古人文章时叹息哀伤。临,面对。

㊲ 喻:明白。

㊳ 固知一死生为虚诞,齐彭殇为妄作:本来知道把死和生等同起来的说法是不真实的,把长寿和短命等同起来的说法是妄造的。固:本来、当然。一:把……看作一样;齐:把……看作相等,都用作动词。虚诞:虚妄荒诞的话。殇:未成年死去的人。妄作:妄造、胡说。

㊴ 列叙时人：一个一个记下当时与会的人。

㊵ 其致一也：人们的思想情趣是一样的。

㊶ 斯文：这次集会的诗文。

【文海导航】

　　本文描绘了兰亭的景致和王羲之等人集会的乐趣，抒发了作者盛事不常、"修短随化，终期于尽"的感叹。作者时喜时悲，喜极而悲，文章也随其感情的变化由平静而激荡，再由激荡而平静，极尽波澜起伏、抑扬顿挫之美，所以《兰亭集序》才成为名篇佳作。全文共三段。

　　第一段记叙兰亭聚会盛况，并写出与会者的深切感受。先点明聚会的时间、地点、缘由，后介绍与会的人数之多，范围之广，"群贤毕至，少长咸集"。接着写兰亭周围优美的环境。先写高远处"崇山峻岭，茂林修竹"；再写近低处"清流激湍"；然后总写一笔"映带左右"。用语简洁，富有诗情画意。在写景的基础上，由此顺笔引出临流赋诗，点出盛会的内容为"一觞一咏"，"畅叙幽情"，"虽无丝竹管弦之盛"。这是反面衬托之笔，以加强表达赏心悦目之情。最后指出盛会之日正逢爽心怡人的天时，"天朗气清"为下文的"仰观""俯察"提供了有利条件；"惠风和畅"又与"暮春之初"相呼应。此时此地良辰美景，使"仰观""俯察"，"游目骋怀""视听之娱"完全可以摆脱世俗的苦恼，尽情地享受自然美景，抒发自己的胸臆。至此，作者把与会者的感受归结到"乐"字上面。笔势疏朗简净，毫无斧凿痕迹。

　　第二段阐明作者对人生的看法，感慨人生短暂，盛事不常，紧承上文的"乐"字，引发出种种感慨。先用两个"或"字，从正反对比分别评说"人之相与，俯仰一世"的两种不同的具体表现。一是"取诸怀抱，悟言一室之内"，一是"因寄所托，放浪形骸之外"。然后指出这两种表现尽管不同，但心情是一样的。那就是"当其欣于所遇"时，都会"快然自足"，却"不知老之将至"。这种感受，正是针对正文"游目骋怀，足以极视听之娱"的聚会之乐而发，侧重写出乐而忘悲。接着由"欣于其所遇"的乐引出"情随事迁"的忧，写出乐而生忧，发出"修短随化，终期于尽"的慨叹。文章至此，推进到生死的大问题。最后引用孔子所说的"死生亦大矣"一句话来总结全段，道出了作者心中的"痛"之所在。

　　第三段说明作序的缘由。文章紧承上文"死生亦大矣"感发议论，从亲身感受谈起，指出每每发现"昔人兴感之由"和自己的兴感之由完全一样，所以"未尝不临文嗟悼"，可是又说不清其中原因。接着把笔锋转向了对老庄关于"一生死"，"齐彭殇"论调的批判，认为那完全是"虚诞"和"妄作"。东晋时代的文人士大夫崇尚老庄，喜好虚无的清谈，庄子认为自然万物"方生方死，方死方生"（《庄子·齐物论》），且把长寿的彭祖和夭折的儿童等同看待。作者能与时风为悖，对老庄这种思想的大胆否定，是难能可贵的，然后作者从由古到今的事实中做了进一步的推断："后之视今，亦犹今之视昔。"基于这种认识，所以才"列叙时人，录其所述"，留给后人去阅读。尽管将来"事殊事异"，但"所以兴怀，其致一也"。这就从理论上说清了所以要编《兰亭诗集》的原因。最后一句,交代了写序的目的,引起后人的感怀。文字收束得直截了当,开发的情思却绵绵不绝。

这篇序言疏朗简净而韵味深长,突出地代表了王羲之的散文风格,朗朗上口,是古代骈文的精品。《兰亭集序》在骈文的几个方面都有所长。在句法上,对仗整齐,句意排比,如"群贤毕至,少长咸集","仰观宇宙之大,俯察品类之盛","或取诸怀抱,悟言一室之内;或因寄所托,放浪形骸之外",两两相对,音韵和谐,无斧凿之痕,语言清新,朴素自然。属于议论部分的文字也非常简洁,富有表现力,在用典上也只用"齐彭殇"和"修禊事"这样浅显的典故,这与东晋对代雕章琢句,华而不实的文风形成鲜明对照。

这篇文章体现了王羲之积极入世的人生观,和老庄学说主张的无为形成了鲜明的对比。

【思考与练习】

1. 简要分析《兰亭集序》这篇文章的艺术特色。
2. 如何看"固知一死生为虚诞,齐彭殇为妄作"所蕴含的思想。

第三单元 黄州新建小竹楼记①

王禹偁

王禹偁(chēng)(954年—1001年),字元之,济州钜野(今山东省巨野县)人。北宋诗人、散文家、史学家。后贬至黄州,故世称王黄州。王禹偁为北宋诗文革新运动的先驱,著有《小畜集》《五代史阙文》。

　　黄冈之地多竹,大者如椽②。竹工破之,刳③去其节,用代陶瓦④;比屋⑤皆然,以其价廉而工省也。

　　子城⑥西北隅,雉堞圮毁⑦,榛莽⑧荒秽,因作小楼二间,与月波楼通⑨。远吞⑩山光,平挹江濑⑪,幽阒辽夐⑫,不可具状。夏宜急雨,有瀑布声;冬宜密雪,有碎玉声。宜鼓琴,琴调和畅;宜咏诗,诗韵清绝;宜围棋,子声丁丁然⑬;宜投壶⑭,矢声铮铮然:皆竹楼之所助也。公退⑮之暇,被鹤氅⑯,戴华阳巾⑰,手执《周易》一卷,焚香默坐,消遣世虑⑱。江山之外,第⑲见风帆沙鸟、烟云竹树而已!待其酒力醒,茶烟歇,送夕阳,迎素月,亦谪居之胜概⑳也。

　　彼齐云、落星㉑,高则高矣;井干、丽谯,华则华矣!止于贮妓女,藏歌舞,非骚人㉒之事,吾所不取。

　　吾闻竹工云:竹之为瓦,仅十稔,若重覆之,得二十稔㉓。噫!吾以至道乙未岁㉔,自翰林出滁上;丙申移广陵;丁酉又入西掖㉕。戊戌岁除日㉖,有齐安㉗之命。己亥闰三月到郡。四年之间,奔走不暇,未知明年又在何处,岂惧竹楼之易朽乎?幸后之人与我同志,嗣而葺之㉘,庶㉙斯楼之不朽也。

　　咸平二年八月十五日记。

【作品注释】

① 选自《历代文选》下册,中国人民大学出版社,2012年版。

② 椽(chuán):椽子,架在屋顶承受屋瓦的木条。

③ 刳(kū):削剔,挖空。

④ 陶瓦:用泥烧制的瓦。

⑤ 比屋:挨家挨户。比:紧挨,靠近。

⑥ 子城:城门外用于防护的半圆形城墙。

⑦ 雉堞(dié)圮(pǐ)毁:城上的矮墙倒塌毁坏。雉堞:城上的矮墙。圮毁:倒塌毁坏。

⑧ 榛(zhēn)莽(mǎng):丛生的树木和草。

⑨ 月波楼:黄州的一座城楼。

⑩ 吞:文章指望见。

⑪ 挹(yì):汲取,文章指望见。濑(lài):沙滩上的流水。

⑫ 幽阒(qù)辽夐(xiòng):幽静辽阔。幽阒:清幽静寂。夐:远、辽阔。

⑬ 丁(zhēng)丁:形容棋子敲击棋盘时发出的清脆悠远之声。

⑭ 投壶:古人宴饮时的一种游戏。该游戏以矢投壶中,投中次数多者为胜,胜者斟酒使败者饮。

⑮ 公退:办完公事,退下休息。

⑯ 被:通"披"。鹤氅(chǎng):用鸟羽制的披风。

⑰ 华阳巾:道士所戴的头巾。

⑱ 世虑:世俗的念头。

⑲ 第:但,只。

⑳ 胜概:美好的生活状况。胜:美好的。概:状况,文章指生活状况。

㉑ 齐云、落星:均为古代名楼。下文"井干、丽谯(qiáo)"均为古代名楼。

㉒ 骚(sāo)人:屈原曾作《离骚》,故后人称诗人为"骚人",亦指风雅之士。

㉓ 稔(rěn):谷子一熟叫作一稔,引申指一年。

㉔ 至道乙未岁,自翰林出滁上:宋太宗至道元年995年),作者因讪谤朝廷罪由翰林学士贬至滁州。出:贬往。

㉕ 又入西掖(yè):指回京复任刑部郎中知制诰。西掖:中书省。

㉖ 戊(wù)戌(xū)岁除日:戊戌年除夕。戊戌:宋真宗咸平元年998年)。

㉗ 齐安:古郡名,即黄州。

㉘ 嗣(sì)而葺(qì)之:继我之意而常常修缮它。嗣:接续、继承。葺:修整。

㉙ 庶(shù):表示期待或可能。

【文海导航】

《黄州新建小竹楼记》是北宋文学家王禹偁被贬为黄州刺史时所做的一篇散文。文章通过描绘竹楼的特点和作者寓居竹楼所领略到的独特风光和雅趣,集中表现了作者遭贬后怅惘落寞、茫然无奈而又不甘沉沦、刚正不阿的复杂感情。

文章先叙述黄州多竹的特点,点明以竹为楼的外在原因:就地取材,价廉工省。竹多,其价必廉;竹大,其工必省;竹屋比然,足见以竹建楼寻常。这段为下文自建小楼的叙写铺垫。接着写建楼涉笔无多,"子城西北隅",言竹楼坐落,点地处偏僻;"雉堞圮毁,榛莽荒秽",言竹楼环境,显私破荒凉;"小楼二间",言建筑规模,明寻常之至;"与月波楼通",言位置优越,见视野无碍。寥寥数语将建此竹楼的内在原因隐隐道出:远离喧嚣,独处静观。

文章最为人称道的是写楼栖诗意。作者先写竹楼所见,"远吞山光"远写,"平挹江濑"近写,一"吞"一"挹",把竹楼与远山、近江的关系写活了;"幽阒辽夐,不可具状"为总括,前四字强调空间清幽寂静广远。后四字以虚笔撩起读者无尽想象。再写竹楼所闻,"夏宜急雨,有瀑布声;冬宜密雪,有碎玉声",写竹楼外的季节变异,拣最有特色的"急雨"、"密雪"来写,两者敲击竹瓦发出截然不同的声响,前者如飞瀑喧嚣,后者如玉屑碰撞,写声的同时暗写了形。"宜鼓琴,琴调和畅;宜咏诗,诗韵清绝；宜围棋，子声丁丁然；宜投壶，矢声铮铮然；皆竹楼之所助也"，写竹楼内的人事娱乐：鼓琴、咏诗、围棋、投壶。竹料坚脆、构筑密实，易使声音产生共鸣效应，同时竹楼又有相当的高度，楼内之声必然远闻，因此，琴的音调清虚畅朗，诗的声韵清越绝妙，棋子落盘清脆幽远，箭镞触壶清亮有力。以声写楼、抒情，渲染了竹楼的独特神奇，表达了作者随遇而安、自得其乐的乐观态度。

　　上面写竹楼群聚的乐趣，下面写竹楼独处的乐趣。"披"、"戴"、"执"，写模仿道士的装束举止，"公退之暇"一副"出世"打扮，流露出厌恶官场丑恶之意。"焚香默坐"写神态；"消遣世虑"写心态，这实际上就是修建竹楼的深层心理原因。"消遣"的方式多种多样，或潜心于诵读《周易》；或陶醉于自然景色，"江山之外"不见蝇营狗苟和勾心斗角，动者只见"风帆沙鸟"，静者只见"烟云竹树"；或沉溺于醇酒名茶，"待酒力醒"，为"消遣世虑"而饮酒过量，待"茶烟歇"，为解酒提神而饮茶时久。"消遣世虑"要仰仗道教清虚、楼外山水、杯中酒茶，足见世虑之深重和难遣。"送夕阳，迎素月"，扩大了"消遣"的诗意空间，又暗示了时光流逝。"谪居"暗接"世虑"，"胜概"概括"消遣"，整段围绕"消遣世虑"四字来写。下面以古代名楼的高华富丽反衬竹楼的朴素清雅，以权贵佞臣的荒淫腐朽反衬竹楼主人的高洁自持，褒贬弃取中饱含着极度的轻蔑，也洋溢着高度的自信。最后由扬转抑，作者借竹楼(苦闷心灵栖居之所)寿命的长短为题，流露自己屡遭贬谪的愤懑。楼易朽易毁，人命途多舛，自己与竹楼的命运相通。作者对竹楼易朽的惋惜，也是对仕途坎坷的苦闷和无奈。文章结构明确，修辞精警，真切传神，雅素隽洁。

　　全文文字清丽，寄慨深远。不仅结构严谨，构思巧妙，层次分明，多用排比，而且寓情于景，轻快自然。

【思考与练习】
　　1. 赏析本文精巧的构思。
　　2. 结合全文，谈一谈你所理解的古代文人的诗意生活。

第四单元 说　琴①

何景明

何景明(1483年—1521年)，字仲默，号白坡，又号大复山人，信阳浉河区人。他倡导明代文学改革运动，著有《大复集》38卷。

　　何子有琴②，三年不张③。从其游者戴仲鹖④，取而绳以弦⑤，进而求操焉。何子御之⑥，三叩其弦，弦不服指，声不成文⑦。徐察其音，莫知病端。仲鹖曰："是病于材也。予观其黟然⑧黑，衰然⑨腐也。其质不任弦，故鼓之弗扬。"

　　何子曰："噫！非材之罪也。吾将尤⑩夫攻之者也。凡攻琴者，首选材，审制器，其器有四：弦、轸、徽、越⑪。弦以被音，轸以机弦⑫，徽以比度⑬，越以亮节⑭。被音则清浊见，机弦则高下张，比度则细大弗逾，亮节则声应不伏⑮。故弦取其韧密也⑯，轸取其栝圆也⑰，徽取其数次也⑱，越取其中疏也⑲。今是琴弦之韧疏，轸之栝滞，徽之数失钧，越之中浅以隘。疏故清浊弗能具，滞故高下弗能通，失钧故细大相逾，浅以隘故声应沉伏。是以宫商不诚职⑳，而律吕叛度㉑。虽使伶伦钧弦而柱指㉒，伯牙按节而临操，亦未知其所谐也。

　　"夫是琴之材，桐之为也。始桐之生邃谷㉓，据盘石，风雨之所化，云烟之所蒸，蟠纡纶囷㉔，璀璨弟郁㉕，文炳彪凤㉖，质参金玉，不为不良也。使攻者制之中其制，修之畜其用，斫以成之，饰以出之。上而君得之，可以荐清庙㉗，设大廷㉘，合神纳宾㉙，赞实出伏㉚，畅民洁物；下而士人得之，可以宣气养德，道㉛情和志。何至黟然邪然，为腐材置物耶㉜？

　　"吾观天下之不罪材者寡矣。如常以求固执㉝，缚柱以求张弛㉞，自混而欲别物，自褊㉟而欲求多。直木轮，屈木辐，巨木节㊱，细木㯟㊲，几何不为材之病也？是故君子慎焉，操之以劲，动之以时，明之以序，藏之以虚。劲则能弗挠也，时则能应变也，序则能辨方也，虚则能受益也。劲者信也，时者知也，序者义也，虚者谦也。信以居之，知以行之，义以制之，谦以保之。朴其中，文其外。见则用世㊳，不见则用身㊴。故曰虽愚必明，虽柔必强。材何罪焉！"

　　仲鹖怃然离席曰："信取于弦乎？知取于轸乎？义取于徽乎？谦取于越乎？一物而众理备焉。予不敏，愿改弦更张㊵，敬服斯说。"

【作品注释】

① 选自《何大复集》,中国古籍出版社,1989 年版。

② 何子:作者自称。

③ 不张:指没有上弦。

④ 戴仲鹖:名冠,字仲鹖,信阳人。曾从何景明学诗。

⑤ 绳以弦:装上弦。

⑥ 御:用,这里指弹奏。

⑦ 文:这里指曲调。

⑧ 黟(yī)然:深黑色的样子。

⑨ 衺(xié)然:歪邪不正的样子。衺,同"邪"。

⑩ 尤:怨。攻:制造。

⑪ 轸(zhěn):系琴弦可以转动,控制松紧的轴。徽:指琴面上所标出地用手指按弦的部位记号。越(huó):琴瑟底面的孔。

⑫ 机弦:转动琴弦。

⑬ 比度:排比音节的高低。

⑭ 亮节:加大音亮。

⑮ 伏:指音调低沉。

⑯ 韧密:坚韧细密。

⑰ 栝(guā)圆:琴轸插入琴内的栝圆滑易转。

⑱ 数次:指琴徽的度数准确。

⑲ 中疏:指琴身中空。

⑳ 宫商:指宫商角徵羽五音。这里指音阶。诚职:尽职。

㉑ 律吕:指十二律。叛度:谓违背了标准。

㉒ 伶伦:传说中黄帝时的乐官,黄帝曾令他作律。钩弦而柱指:谓用指头弹琴。

㉓ 邃谷:深谷。

㉔ 蟠纡:蟠曲。轮囷:屈曲的样子。

㉕ 弗(fó)郁:原指山势曲折高峻,这里指树木高大茂密。

㉖ 文炳彪凤:木质上闪现出像虎、凤的纹理。

㉗ 荐:献。清庙:宗庙。

㉘ 大廷:指朝廷。

㉙ 合神纳宾:谓享神待客。《国语·周语下》:"姑洗,所以修洁百物,考神纳宾也。"注:"考,合也,……合致神人,用之享宴,可以纳宾也。"

㉚ 赞实:有助于万物的生长结果。出伏:指能使蛰虫由地下出动。

㉛ 道:同"导"。

㉜ 置物:犹言弃物。

㉝ 如常以求固执:意谓一个平常的材料,坚持求它是一个最好的材料。

㉞ 张弛:开弓叫张,松弓叫弛。这里指琴弦的紧或松。

㉟ 褊:褊狭。

㊱ 节:柱子上的斗拱。

㊲ 欐(lì):梁栋。

㊳ 见:同"现",被发现。

㊴ 用身:指独善其身。

㊵ 改弦更张:改换、调整琴弦,使声音和谐。

【文海导航】

《说琴》既是一篇关于制琴、弹曲的音乐论说文,又是一篇借喻制琴弹曲的规定、要求,来阐述人生经验的哲理文。文章以师生对话的形式,谈论制作琴,弹琴的方法。边叙边议。开篇交代师生关系,而后议论一把旧琴的优劣。仲鶡曰:"是病于材也。予观其黟然黑,衮然腐也。其质不任弦,故鼓之弗扬。"师傅说:"非材之罪也。"师傅把问题引向深入:"吾将尤夫攻之者也。凡攻琴者,首选材,审制器。"制作琴的人不认真,没有把好选材关,从而导致问题产生。如果制作不过关,"虽使伶伦钧弦而柱指,伯牙按节而临操,亦未知其所谐也"。这一段倡导一种"工匠精神"。

第三段,又回到那把旧琴的问题。从这把琴,再次谈到如何选择木材,优质的琴能够发挥什么样的作用:"上而君得之,可以荐清庙,设大廷……"下焉者使士大夫得到,可以融洽气质,培养德性,导引情操,和睦心志。即一把优质的琴,可以享受居庙堂之高的尊严,可以使处江湖之远的士大夫怡情。

第四段议论:"吾观天下之不罪材者寡矣。"阐述琴与人的关系。又借弹琴的技巧阐述为人的道理:"信以居之,知以行之,义以制之,谦以保之。朴其中,文其外。见则用世,不见则用身。故曰虽愚必明,虽柔必强。材何罪焉!"

最后一段,借徒弟之口总结。

全文采用对话的形式,叙议结合,条理清楚,过渡自然。

信用作为(做人的)根本,智慧用来指导行为,仁义作为(日常言行)的制约,谦虚用来保全自身的品行。本质要朴实,形体要善美,自己的才能被人所知,就去为人世服务;不为人所知,就用来修养自身的德行。

【思考与练习】

1. 文章以琴喻人,请结合文章内容,分析一下作者如何阐明做人的道理的。

2. 这篇文章,虽然讲的是琴与人的关系,但是"何子"的形象依然生动可感,请分析一下"何子"的特点。

第五单元　长亭送别①

王实甫

王实甫(1260 年—1336 年)，名德信，大都(今北京市)人，祖籍河北省保定市定兴(今定兴县)。元代著名戏曲作家，杂剧《西厢记》的作者，生平事迹不详。王实甫与关汉卿齐名，其作品全面地继承了唐诗宋词精美的语言艺术，又吸收了元代民间生动活泼的口头语言，创造了文采璨璨的元曲词汇，成为中国戏曲史上"文采派"的杰出代表。著有杂剧十四种，现存《西厢记》《丽春堂》《破窑记》三种。

(夫人长老上云)今日送张生赴京，十里长亭，安排下筵席。我和长老先行，不见张生小姐来到。(旦、末、红同上)(旦云)今日送张生上朝取应，早是离人伤感，况值那暮秋天气，好烦恼人也呵！"悲欢聚散一杯酒，南北东西万里程。"(旦唱)

〔正宫〕〔端正好〕碧云天，黄花地②，西风紧。北雁南飞。晓来谁染霜林醉？总是离人泪。③

〔滚绣球〕恨相见得迟，怨归去得疾。柳丝长玉骢难系④，恨不倩疏林挂住斜晖⑤。马儿迍迍⑥的行，车儿快快的随，却告了相思回避⑦，破题儿又早别离。听得道一声去也，松了金钏⑧；遥望见十里长亭，减了玉肌：此恨⑨谁知？

(红云)姐姐今日怎么不打扮？(旦云)你哪知我的心里呵？(旦唱)

〔叨叨令〕见安排着车儿、马儿，不由人熬熬煎煎的气；有甚么心情花儿、靥儿⑩，打扮得娇娇滴滴的媚；准备着被儿、枕儿，则索昏昏沉沉的睡；从今后衫儿、袖儿，都揾帮重重叠叠的泪。兀的不闷杀人也么哥！兀的不闷杀人也么哥！久已后书儿、信儿，索与我凄凄惶惶的寄。

(做到)(见夫人科)(夫人云)张生和长老坐，小姐这壁坐，红娘将酒来。张生，你向前来，是自家亲眷，不要回避。俺今日将莺莺与你，到京师休辱没了俺孩儿，挣揣⑪一个状元回来者。(末云)小生托夫人余荫，凭着胸中之才，视官如拾芥耳⑫。(洁云)夫人主见不差，张生不是落后的人。(把酒了，坐)(旦长吁科)

〔脱布衫〕下西风黄叶纷飞，染寒烟衰草萋迷。酒席上斜签着坐⑬的，蹙愁眉死临侵地⑭。

〔小梁州〕我见他阁泪汪汪不敢垂⑮，恐怕人知；猛然见了把头低,长吁气,推整素罗衣⑯。

〔幺篇〕虽然久后成佳配,奈时间⑰怎不悲啼。意似痴,心如醉⑱,昨宵今日,清减了小腰围。

(夫人云)小姐把盏者!(红递酒,旦把盏长吁科云)请吃酒!

〔上小楼〕合欢未已,离愁相继。想着俺前暮私情,昨夜成亲,今日别离。我谂知这几日相思滋味,却原来此别离情更增十倍⑲。

〔幺篇〕年少呵轻远别,情薄呵易弃掷⑳。全不想腿儿相挨,脸儿相偎,手儿相携。你与俺崔相国做女婿,妻荣夫贵㉑,但得一个并头莲,煞强如状元及第。

(夫人云)红娘把盏者!(红把酒科)(旦唱)

〔满庭芳〕供食太急,须臾对面,顷刻别离。若不是酒席间子母每当回避,有心待与他举案齐眉。虽然是厮守得一时半刻,也合着俺夫妻每共桌而食。眼底空留意㉒,寻思起就里,险化作望夫石。

(红云)姐姐不曾吃早饭,饮一口儿汤水。(旦云)红娘,甚么汤水咽得下!

〔快活三〕将来的酒共食,尝着似土和泥。假若便是土和泥,也有些土气息、泥滋味。

〔朝天子〕暖溶溶玉醅㉓,白泠泠似水,多半是相思泪。眼面前茶饭怕不待要㉔吃,恨塞满愁肠胃。"蜗角虚名㉕,蝇头微利㉖",拆鸳鸯在两下里。一个这壁,一个那壁,一递一声长吁气。

(夫人云)辆㉗起车儿,俺先回去,小姐随后和红娘来。(下)(末辞洁科)(洁云)此一行别无话儿,贫僧准备买登科录㉘看,做亲的茶饭少不得贫僧的。先生在意,鞍马上保重者!从今经忏无心礼,专听春雷第一声㉙。(下)(旦唱)

〔四边静〕霎时间杯盘狼藉,车儿投东,马儿向西,两意徘徊,落日山横翠。知他今宵宿在哪里?在梦也难寻觅。

(旦云)张生,此一行得官不得官,疾便回来。(末云)小生这一去白夺一个状元,正是"青霄㉚有路终须到,金榜无名誓不归"。(旦云)君行别无所谓,口占一绝㉛,为君送行:"弃掷今何在,当时且自亲。还将旧来意,怜取眼前人。"(末云)小姐之意差矣,张珙更敢怜谁?谨赓㉜一绝,以剖寸心:"人生长远别,孰与最关亲?不遇知音者,谁怜长叹人?"(旦唱)

〔耍孩儿〕淋漓襟袖啼红泪,比司马青衫更湿。伯劳东去燕西飞,未登程先问归期。虽然眼底人千里,且尽生前酒一杯。未饮心先醉,眼中流血,心内成灰。

〔五煞〕到京师服水土,趁程途节饮食㉝,顺时自保揣身体㉞。荒村雨露宜眠早,野店风霜要起迟!鞍马秋风里,最难调护,最要扶持。

〔四煞〕这忧愁诉与谁？相思只自知，老天不管人憔悴。泪添九曲黄河溢，恨压三峰华岳低。㉟到晚来闷把西楼倚，见了些夕阳古道，衰柳长堤。

〔三煞〕笑吟吟一处来，哭啼啼独自归。归家若到罗帏里，昨宵个绣衾香暖留春住，今夜个翠被生寒有梦知。留恋你别无意，见据鞍㊱上马，阁不住泪眼愁眉。

（末云）有甚言语嘱咐小生咱？（旦唱）

〔二煞〕你休忧"文齐福不齐"㊲，我则怕你"停妻再娶妻"。休要"一春鱼雁无消息"！我这里青鸾有信频须寄，你却休"金榜无名誓不归"。此一节君须记，若见了那异乡花草，再休似此处栖迟㊳。

（末云）再谁似小姐？小生又生此念？（旦唱）

〔一煞〕青山隔送行，疏林不做美，淡烟暮霭相遮蔽。夕阳古道无人语，禾黍秋风听马嘶。我为甚么懒上车儿内，来时甚急，去后何迟㊴？

（红云）夫人去好一会，姐姐，咱家去！（旦唱）

〔收尾〕四围山色中，一鞭残照里。遍人间烦恼填胸臆，量这些大小车儿如何载得起？

（旦、红下）仆童赶早行一程儿，早寻个宿处。泪随流水急，愁逐野云飞。㊵（下）

【作品注释】

① 选自《中国文学作品选注》，中华书局，2007年版。《长亭送别》是《西厢记》中第四本第三折。

② 碧云天黄花地：句本范仲淹《苏幕遮》词"碧云天，黄叶地，秋色连波，波上寒烟翠"，黄花，指菊花，菊花秋天开放。

③ "晓来"二句：意谓是离人带血的泪，把深秋早晨的枫林染红了。霜林醉，深秋的枫林经霜变红，就像人喝醉酒脸色红晕一样。

④ "柳丝长"句：玉骢（cōng）：马名，一种青白色的骏马。此指张生赴试所乘之马。古人有折柳送别之习惯，故写别情多借助于柳，此言柳丝虽长却系不住玉骢，犹言情长却留不住张生。

⑤ 倩（qìng）：请人代己做事之谓。

⑥ 迍：行动缓慢，留连不进的样子。

⑦ "却告"二句：却，犹恰；破题，唐宋诗赋多于开头几句点破题意，元曲中用于比喻开端、起始或第一次。

⑧ 钏：古代称臂环为钏，今谓之手镯。

⑨ 恨：遗憾，不满意。与今天"仇恨""怨恨"的恨相别。

⑩ 花儿、靥儿：即花钿。

⑪ 争揣：争取、夺得。

⑫ 视官如拾芥：把取得官职看得像从地上拾取一根草棍那样容易。

⑬ 斜签着坐：侧身半坐，封建时代晚辈在长辈面前不能实坐。

⑭ 死临侵地：呆呆地，没精打采的样子。

⑮ 阁泪汪汪不敢垂：强忍泪水而不敢任其流出。阁泪：含泪。

⑯ 推整素罗衣：意谓装作整理衣裳。推，借口，这里有"假装"的意思。

⑰ 时间：目下，眼前。

⑱ 意似痴心如醉：《乐府新声》中无名氏《骂玉郎带感皇恩采茶歌》："心似烧，意似痴，情如醉。"

⑲ "我谂知"二句：意谓这几天我已经深深知道了相思滋味的苦痛难堪，原来这离别比相思更苦十倍。谂：知道。

⑳ 弃掷：本指抛弃，此指撇下莺莺而远离。

㉑ 妻荣夫贵：本指妻子可以依靠丈夫的爵位而尊贵，这里反其义用之，意谓说你与崔相国家做女婿，本已因妻而贵，大可不必再去求取功名了。

㉒ 眼底空留意：意谓母亲在座，有所避忌，不得与张生同桌共食以诉衷曲，只能以眉眼传情表达心意。

㉓ 玉醅(pēi)：美酒。

㉔ 怕不待要：难道不想、何尝不想之意。

㉕ 蜗角虚名：蜗角极细极微，喻微小之浮名。

㉖ 蝇头微利：比喻因小利而忘危难。

㉗ 辆：动词，驾好，套好。

㉘ 登科录：登载录取进士姓名的名册。

㉙ 春雷第一声：进士试于春正、二月举行，故称中第消息为春雷第一声。

㉚ "青霄"二句：此为当时成语，青霄路即致身青云之路。

㉛ 口占一绝：随口吟出一首绝句诗。不打草稿，随口成文叫口占。

㉜ 赓(gēng)：续作。

㉝ 趁程途节饮食：意谓路途中要节制饮食。趁：赶。趁程途：赶路。

㉞ 顺时自保揣身体：估量自己的身体情况，适应季节变化，自己保重。

㉟ "泪添"二句：上句以水喻愁之多，下句以山喻愁之重。华岳三峰，即西岳华山的莲花峰、仙人掌、落雁峰。

㊱ 据鞍：跨鞍。

㊲ 文齐福不齐：意谓有文才而缺少福分，不能考中。

㊳ 栖迟：流连，逗留。

㊴ 来时甚急去后何迟：时与后，都为语气词，相当于"呵"或"啊"。

㊵ "泪随"二句：互文见义，谓睹秋云、见流水都引起对莺莺的思念而愁生泪落。

【文海导航】

《西厢记·长亭送别》是元代剧作家王实甫写的，用杂剧的形式讲述了崔莺莺十里长亭送张生进京赶考的别离场景，而张生和崔莺莺这对冲破世俗相爱的恋人，短暂的欢愉后即将饱尝长久的别离相思。作品反映了自由爱情与封建礼教的尖锐矛盾，表现了对封建礼教对人性人情严重束缚和压制的控诉。

　　王实甫是我国古代一位杰出的语言艺术大师,他吸收了当时民间生动活泼的口语,继承了唐诗宋词精美的语言艺术,融化百家,创造了文采斑斓的元曲语汇,成为我国戏曲史上文采派最杰出的代表。《西厢记》"花间美人"的艺术风格,是和全剧到处都有美不胜收的绮词丽语分不开的。

　　在意境的创造方面,王实甫善于酿造气氛、描摹环境。如《送别》一折,并不着重去渲染主人公摧肝裂胆的痛苦,而是借助古典诗词描写愁恨时特有的一些表现手法,以景写人,达到情景交融的艺术境界。这里没有呼天抢地,没有抱头痛哭,有的是"碧云天,黄花地,西风紧,北雁南飞"那种诗意的迷惘和浓浓的哀愁,依然是一片诗情画意的动人色调,与全剧优美的风格和谐统一。

　　《西厢记》有"词句警人,满口余香"的艺术语言。全剧虽然华美,文采璀璨,却自然、流利、通畅,绝无滞涩、雕琢、造作的毛病。因此明代戏曲评论家何元朗认为:"王实甫才情富丽,真辞家之雄。"(《四友斋从说》)王世贞云:"北曲故当以《西厢》压卷。"(《曲藻》)

　　作者不仅善于熔炼方言口语入曲,而且更善于熔炼古典诗词入曲,甚至把口语和古典诗词杂糅在一起而丝毫不显生硬牵强。如读者看到"碧云天,黄花地","暖溶溶的玉醅,白泠泠似水,多半是相思泪"等句时,也会很自然地想到范仲淹的名篇《苏幕遮》。

　　总之,《西厢记》的语言艺术是杰出的。由于王实甫既能熟练地驾驭民间语言,又善于吸取古典诗词中的精华为己所用,两者奇妙的结合,便形成既典雅又质朴,既有文采又不废本色的独特的艺术风格。而浓郁的诗情画意,弥漫在字里行间,这是《西厢记》获得文采派代表作的主要标志。

【思考与练习】

　　1. 结合《西厢记》梳理一下元杂剧的知识。

　　2. 赏析《西厢记》中〔正宫〕〔端正好〕的艺术特色。

第四部分

月是故乡明

中国人的乡愁情结

什么是"乡愁"呢？就是流浪异地漂泊海外的游子那种爱祖国、爱家乡、爱亲人、爱故土的一草一木的情感。"乡愁"情结是华夏文明的重要组成部分。

《木兰辞》："可汗问所欲，木兰不用尚书郎，愿驰千里足，送儿还故乡。"

唐·李白的《静夜思》："床前明月光，疑是地上霜。举头望明月，低头思故乡。"

唐·王维的《九月九日忆山东兄弟》："独在异乡为异客，每逢佳节倍思亲。遥知兄弟登高处，遍插茱萸少一人。"

唐·杜甫的《月夜忆舍弟》："戍鼓断行人，秋边一雁声。露从今夜白，月是故乡明。"

余光中先生的《乡愁》：

"小时候，乡愁是一枚小小的邮票，我在这头，母亲在那头。

长大后，乡愁是一张窄窄的船票，我在这头，新娘在那头。

后来啊，乡愁是一方矮矮的坟墓，我在外头，母亲在里头。

而现在，乡愁是一湾浅浅的海峡，我在这头，大陆在那头。"

上古时期，乡愁诗歌主要表现对家乡、父母及兄弟姊妹的眷念，这是农耕时代人们情感的主要寄托和表达方式。为了出人头地而奔走在仕途上的士子，为了博取功名忙碌在科举上的学者，为了边关安宁而从军的士卒……自然会产生浓烈的思乡之情。魏晋南北朝时期，乡愁诗则将个人情感与时代命运相结合，主要表现游宦羁旅和边塞征人的离乡别情。如王粲《登楼赋》："虽信美而非吾土兮，曾何足以少留。"

唐朝是一个伟大的时代，乡愁文学的思想内涵更加丰富。李白、杜甫、白居易等著名诗人都创作了大量乡愁诗，题材涵盖了羁旅之情、边塞感悟、仕途磨难、友朋之情等领域,从艺术手法到情感内涵堪称中国文学的典范。

宋朝,尚文轻武,国家的经济、文化、科技、教育繁荣昌盛,这个时期的乡愁文学继承了唐朝以来的家国情怀,远离家乡行商,要思乡;羁旅他乡,要思乡;仕途坎坷,要思乡;仕途畅达,亦思乡。

元代思乡之首,当属散曲家马致远的《天净沙·秋思》:"枯藤老树昏鸦,小桥流水人家,古道西风瘦马。夕阳西下,断肠人在天涯。"虽是一幅羁旅荒郊之愁,但真正表达的是国破家亡之痛,家国情怀交融。

清代著名词人纳兰性德创作的"纳兰词"在文学史上具有典型意义。《采桑子·九日》:"深秋绝塞谁相忆,木叶萧萧。乡路迢迢。六曲屏山和梦遥。佳时倍惜风光别,不为登高。只觉魂销。南雁归时更寂寥。"这首词,看似平淡,其实将边塞秋景和旅人的秋思完美地结合起来,把前人的思乡之情尽融于诗意之中了。

鸦片战争后,民族危机上升为国家主要矛盾,仁人志士纷纷探索图存救亡的道路。这时的乡愁主要表现个人在历史洪流中的爱国情怀,如林觉民在《与妻书》中泣血写道"亦以天下人为念,当亦乐牺牲吾身与汝身之福利,为天下人谋永福也。汝其勿悲!"

改革开放以来,乡土中国向城市中国迈进,乡愁逐渐淹没在喧嚣的市场浪潮中。席慕蓉、北岛、顾城、海子、舒婷等诗人创作了大量脍炙人口的乡愁诗。

"乡愁"正如使人席慕蓉所说的:

故乡的歌是一支清远的笛

总在有月亮的晚上响起

故乡的面貌却是一种模糊的怅望

仿佛雾里的挥手别离

离别后

乡愁是一棵没有年轮的树

永不老去

乡愁作为一种情感表达方式,具有时代烙印。农耕时代信息不畅,交通不便,"少小离家老大回"是人生常态。现代人类社会进入科技超速发展时期,"记住乡愁"成为人们慰藉心灵的精神港湾。亨廷顿在《文明的冲突》一书中认为:"随着全球化的到来,国与国的冲突不再是武力,也不是经济,而是文化。"或许当实现物质和精神的发展均衡之时,就是乡愁解脱之时吧。

第一单元　故都的秋①

郁达夫

郁达夫(1896年—1945年),男,原名郁文,字达夫,浙江富阳人,中国现代作家、革命烈士,郁达夫是新文学团体"创造社"的发起人之一。其文学代表作有《沉沦》《故都的秋》《春风沉醉的晚上》《过去》《迟桂花》《怀鲁迅》等。1945年8月29日,郁达夫被日军杀害于苏门答腊。1952年,中华人民共和国中央人民政府追认郁达夫为革命烈士。1934年7月,郁达夫从杭州经青岛去北平(今北京),再次饱尝了故都的"秋味",并写下《故都的秋》。

秋天,无论在什么地方的秋天,总是好的;可是啊,北国的秋,却特别地来得清,来得静,来得悲凉。我的不远千里,要从杭州赶上青岛,更要从青岛赶上北平来的理由,也不过想饱尝一尝这"秋",这故都的秋味。

江南,秋当然也是有的,但草木凋得慢,空气来得润,天的颜色显得淡,并且又时常多雨而少风;一个人夹在苏州上海杭州,或厦门香港广州的市民中间,混混沌沌地过去,只能感到一点点清凉,秋的味,秋的色,秋的意境与姿态,总看不饱,尝不透,赏玩不到十足。秋并不是名花,也并不是美酒,那一种半开、半醉的状态,在领略秋的过程上,是不合适的。

不逢北国之秋,已将近十余年了。在南方每年到了秋天,总要想起陶然亭②的芦花,钓鱼台③的柳影,西山④的虫唱,玉泉⑤的夜月,潭柘寺⑥的钟声。在北平即使不出门去吧,就是在皇城人海之中,租人家一椽⑦破屋来住着,早晨起来,泡一碗浓茶,向院子一坐,你也能看得到很高很高的碧绿的天色,听得到青天下驯鸽的飞声。从槐树叶底,朝东细数着一丝一丝漏下来的日光,或在破壁腰中,静对着像喇叭似的牵牛花(朝荣)的蓝朵,自然而然地也能够感觉到十分的秋意。说到了牵牛花,我以为以蓝色或白色者为佳,紫黑色次之,淡红色最下。最好,还要在牵牛花底,叫长着几根疏疏落落的尖细且长的秋草,使作陪衬。

北国的槐树,也是一种能使人联想起秋来的点缀。像花而又不是花的那一种落蕊,早晨起来,会铺得满地。脚踏上去,声音也没有,气味也没有,只能感出一点点极微细极柔软的触觉。扫街的在树影下一阵扫后,灰土上留下来的一条条扫帚的丝纹,看起来既觉得细腻,又觉得清闲,潜意识下并且还觉得有点儿落寞⑧,古人所说的梧桐一叶而天下知秋⑨的遥想，大约也就在这些深沉的地方。

秋蝉的衰弱的残声，更是北国的特产，因为北平处处全长着树，屋子又低，所以无论在什么地方，都听得见它们的啼唱。在南方是非要上郊外或山上去才听得到的。这秋蝉的嘶叫，在北方可和蟋蟀耗子一样，简直像是家家户户都养在家里的家虫。

还有秋雨哩，北方的秋雨，也似乎比南方的下得奇，下得有味，下得更像样。

在灰沉沉的天底下，忽而来一阵凉风，便息列索落地下起雨来了。一层雨过，云渐渐地卷向了西去，天又晴了，太阳又露出脸来了，着⑩着很厚的青布单衣或夹袄的都市闲人，咬着烟管，在雨后的斜桥影里，上桥头树底下去一立，遇见熟人，便会用了缓慢悠闲的声调，微叹着互答着地说：

"唉，天可真凉了——"（这了字念得很高，拖得很长。）

"可不是吗？一层秋雨一层凉了！"

北方人念阵字，总老像是层字，平平仄仄起来⑪，这念错的歧韵，倒来得正好。

北方的果树，到秋天，也是一种奇景。第一是枣子树，屋角，墙头，茅房边上，灶房门口，它都会一株株地长大起来。像橄榄又像鸽蛋似的这枣子颗儿，在小椭圆形的细叶中间，显出淡绿微黄的颜色的时候，正是秋的全盛时期，等枣树叶落，枣子红完，西北风就要起来了，北方便是沙尘灰土的世界，只有这枣子、柿子、葡萄，成熟到八九分的七八月之交，是北国的清秋的佳日，是一年之中最好也没有的 Golden Days⑫。

有些批评家说，中国的文人学士，尤其是诗人，都带着很浓厚的颓废的色彩，所以中国的诗文里，赞颂秋的文字的特别的多。但外国的诗人，又何尝不然？我虽则外国诗文念的不多，也不想开出帐来，做一篇秋的诗歌散文钞⑬，但你若去一翻英德法意等诗人的集子，或各国的诗文的 Anthology 来⑭，总能够看到许多并于秋的歌颂和悲啼。各著名的大诗人的长篇田园诗或四季诗里，也总以关于秋的部分，写得最出色而最有味。足见有感觉的动物，有情趣的人类，对于秋，总是一样地特别能引起深沉，幽远、严厉、萧索的感触来的。不单是诗人，就是被关闭在牢狱里的囚犯，到了秋天，我想也一定能感到一种不能自已的深情，秋之于人，何尝有国别，更何尝有人种阶级的区别呢？不过在中国，文字里有一个"秋士"⑮的成语，读本里又有着很普遍的欧阳子的《秋声》⑯与苏东坡的《赤壁赋》等，就觉得中国的文人，与秋和关系特别深了，可是这秋的深味，尤其是中国的秋的深味，非要在北方，才感受得到底。

南国之秋，当然也是有它的特异的地方的，比如廿四桥的明月，钱塘江的秋潮，普陀山的凉雾，荔枝湾⑰的残荷等等，可是色彩不浓，回味不永。比起北国的秋来，正像是黄酒之与白干，稀饭之与馍馍，鲈鱼之与大蟹，黄犬之与骆驼。

秋天，这北国的秋天，若留得住的话，我愿把寿命的三分之二折去，换得一个三分之一的零头。

一九三四年八月在北平

【作品注释】

① 选自《郁达夫文集》，生活·读书·新知三联书店，1991年版。

② 陶然亭：位于北京城南，亭名出自白居易诗句"更待菊黄家酿熟，共君一醉一陶然"。

③ 钓鱼台：在北京阜成门外三里河，玉渊潭公园北面。

④ 西山：北京西郊群山的总称，是京郊名胜。

⑤ 玉泉：指玉泉山，是西山东麓支脉。

⑥ 潭柘寺：在北京西山，相传"寺址本在青龙潭上，有古柘千章，寺以此得名"。

⑦ 一椽：一间屋。椽，放在房檩上架着木板或瓦的木条。

⑧ 落寞：冷落，寂寞。

⑨ 梧桐一叶而天下知秋：《淮南子·说山》有"以小明大，见叶落而知岁之将暮"句，《太平御览》卷二十四引用为"一叶落而知天下秋"。

⑩ 着：穿（衣）。

⑪ 平平仄仄起来：意即推敲起字的韵律来。

⑫ Golden Days：英语中指"黄金般的日子"。

⑬ 钞：同"抄"。

⑭ Anthology：英语中指"选集"。

⑮ 秋士：古时指到了暮年仍不得志的知识分子。

⑯ 欧阳子的《秋声》：指欧阳修的《秋声赋》。

⑰ 荔枝湾：位于广州城西。

【文海导航】

《故都的秋》是郁达夫对故都北平秋景的细腻描摹中流露出内心的眷念和落寞之情的抒情散文，全文紧扣故都秋的"清、静、悲凉"的特点，描绘了"小院秋晨"、"秋槐落蕊"、"秋蝉嘶鸣"、"闲话秋凉"、"秋果胜景"等几幅画面，将故都的秋天的客观景物与作家的个人的主观色彩融合在一起。

从身世命运来看。"郁达夫三岁丧父，家道衰贫"（《中国大百科全书·中国文学》"郁达夫"条，中国大百科全书出版社1986版），后来又经两度婚姻失败（先与结发妻孙荃，后与王映霞），再有两次丧子之痛（见郁达夫散文《一个人在途上》《记耀春之殇》），此外，郁达夫生活在积贫积弱的旧中国，最后在南洋为日本宪兵秘密杀害。这样的一生，是悲凉的。文中秋天的特色恰到好处表现了郁达夫的情绪与心情。

　　"悲秋"是中国古代文人的情怀,屈原写"袅袅兮秋风,洞庭波兮木叶下"(《湘夫人》),杜甫写"玉露凋伤枫树林"(《秋兴八首》)、"万里悲秋常作客"(《登高》),苏轼在《赤壁赋》中"扣舷而歌",欧阳修的《秋声赋》,王国维写"苦觉秋风欺病骨,不堪宵梦续尘劳"(《静庵诗稿·尘劳》)……他们听到萧瑟的秋风,目睹飘零的木叶,或哀身世,或叹家国,内心自然是一幅悲戚图景。郁达夫作为一个现代文人,"始终没有完全摆脱中国旧式传统文人的积习"(亦引自《中国大百科全书·中国文学》"郁达夫"条),于是,当他写故都之秋时,就自然地承袭了中国传统文人的悲秋情结。如写北国槐树的落蕊。作者细腻地描绘了扫街的扫这一种"像花而又不是花"的落蕊的情状,并说"潜意识下并且还觉得有点儿落寞,古人所说的梧桐一叶而天下知秋的遥想,大约也就在这些深沉的地方",为何觉得落寞呢? 因为他由槐树落蕊而想起了"梧桐一叶而天下知秋",也就是说他内心此时正弥漫了传统的悲秋情绪,这正是文中所谓"深沉的地方"。在写槐树落蕊后,又写"秋蝉的衰弱的残声"一节。他为什么要写这蝉声呢? 因为秋天一来,蝉的生命就渐近终点,这与秋天一来草木便要凋零是一致的。面对动植物这种"生命悲剧",像郁达夫这样一个文人,心中怎会不联想到自身的悲哀呢? 而且,写秋蝉残声也是古已有之的,比如骆宾王《在狱咏蝉》中的"西陆蝉声唱,南冠客思深。那堪玄鬓影,来对白头吟"(西陆,指秋天。玄鬓影,指蝉。作者注),就是再也明显不过的例子。

　　就其艺术特色而言,一要关注其写景艺术;二要注意其对比手法。

　　《故都的秋》,作为写景抒情的散文,其主体部分采用"横式结构",从故都"秋晨之景"、"秋槐之景"、"秋蝉之景"、"秋雨之景"、"秋果之景"五个方面,紧扣"故都"和"秋"两个词语,表现了"故都之秋"的特点。在文中,郁达夫是以较为委婉的方式来表现"故都"的,如"在皇城人海之中""租一椽破屋","在破壁腰中,静对着像喇叭似的牵牛花(朝荣)的蓝朵"。如果不是"故都","皇城"怎会有"破屋""破壁腰",这分明暗示了历史的变迁,正是这一"破"字给作者郁达夫带来了"感觉到十分的秋意"。

　　在《故都的秋》中,郁达夫起句即以"北国的秋,却特别地来得清,来得静,来得悲凉"奠定文章的情感基调,接着以江南的秋做比较,指出江南的秋"草木凋得慢,空气来得润,天的颜色显得淡,并且又时常多雨而少风","只能感到一点点清凉",因此,"秋的味,秋的色,秋的意境与姿态",只有北方才"看得饱,尝得透,赏玩得十足"。这就是对比。"对比",作为一种修辞手法,是指"两种事物之间或同一事物的两个不同方面之间相互比较的一种修辞方式"。文章就是通过这种对比,把作者对"秋的认识"、"秋的情感"烘托得"饱""透""十足",所以,这种对比就成了作者表达更深情感的一种手段。

【思考与练习】

　　1. 赏析《故都的秋》结构形式。

　　2. 分析《故都的秋》人文精神。

第二单元　乌篷船①

周作人

周作人(1885年—1967年),原名槐寿,后改名遐寿,字启明、知堂等,浙江绍兴人。现代著名散文家、翻译家、文艺理论家。主要著作有散文集《自己的园地》《谈龙集》《泽泻集》等。

子荣君②:

接到手书③,知道你要到我的故乡去,叫我给你一点什么指导。老实说,我的故乡,真正觉得可怀恋的地方,并不是那里,但是因为在那里生长,住过十多年,究竟知道一点情形,所以写这一封信告诉你。

我所要告诉你的,并不是那里的风土人情,那是写不尽的,但是你到那里一看也就会明白的,不必哕嗦地多讲。我要说的是一种很有趣的东西,这便是船。你在家乡平常总坐人力车,电车,或是汽车,但在我的故乡那里这些都没有,除了在城内或山上是用轿子以外,普通代步都是用船,船有两种,普通坐的都是"乌篷船",白篷的大抵作航船用,坐夜航船到西陵④去也有特别的风趣,但是你总不便坐,所以我也就可以不说了。乌篷船大的为"四明瓦"(Symenngoa),小的为脚划船(划读如 uoa)亦称小船。但是最适用的还是在这中间的"三道",亦即三明瓦。篷是半圆形的,用竹片编成,中央竹箬⑤,上涂黑油;在两扇"定篷"之间放着一扇遮阳,也是半圆的,木作格子,嵌着一片片的小鱼鳞,径约一寸,颇有点透明,略似玻璃而坚韧耐用,这就称为明瓦。三明瓦者,谓其中舱有两道,后舱有一道明瓦也。船尾用橹,大抵两支,船首有竹篙,用以定船。船头着眉目,状如老虎,但似在微笑,颇滑稽而不可怕,唯白篷船则无之。三道船篷之高大约可以使你直立,舱宽可放下一顶方桌,四个人坐着打马将——这个恐怕你也已学会了吧? 小船则真是一叶扁舟,你坐在船底席上,篷顶离你的头有两三寸,你的两手可以搁在左右的舷上,还把手都露出在外边。在这种船里仿佛是在水面上坐,靠近田岸去时泥上便和你的眼鼻接近,而且遇着风浪,或是坐得少不小心,就会船底朝天,发生危险,但是也颇有趣味,是水乡的一种特色。不过你总可以不必去坐,最好还是坐那三道船罢。

你如坐船出去,可是不能像坐电车的那样性急,立刻盼望走到。倘若出城,走三四十里路(我们那里的里程是很短,一里才及英里三分之一),来日总要预备一天。你坐在船上,应该是游山的态度,看看四周物色,随处可见的山,岸旁的乌桕,河边的红蓼和白苹,渔舍,各式各样的桥,困倦的时候睡在舱中拿出随笔来看,或者冲一碗清茶喝喝。偏门外的鉴湖⑥一带,贺家池,壶觞左近,我都是喜欢的,或者往娄公埠⑦骑驴去游兰亭⑧(但我劝你还是步行,骑驴或者于你我不很相宜),到得暮色苍然的时候进城上都挂着薜荔⑨的东门来,倒是颇有趣味的事。倘若路上不平静,你往杭州去时可下午开船,黄昏时候的景色正最好看,只可惜这一带地方的名字我都忘记了。夜间睡在舱中,听水声橹声,来往船只的招呼声,以及乡间的犬吠鸡鸣,也都很有意思。雇一只船到乡下去看庙戏,可以了解中国旧戏的真趣味,而且在船上行动自如,要看就看,要睡就睡,要喝酒就喝酒,我觉得也可以算是理想的行乐法。只可惜讲维新以来这些演剧与迎会都已禁止,中产阶级的低能人别在“布业会馆”等处建起“海式”的戏场来,请大家买票看上海的猫儿戏。这些地方你千万不要去。——你到我那故乡,恐怕没有一个人认得,我又因为在教书不能陪你去玩,坐夜船,谈闲天,实在抱歉而且惆怅。川岛⑩君夫妇现在偁山⑪下,本来可以给你介绍,但是你到那里的时候他们恐怕已经离开故乡了。初寒,善自珍重,不尽。

【作品注释】

① 选自《周作人散文全集》,广西师范大学出版社,2009 年版。
② 子荣君:作者曾经使用过的笔名,这是一封作者写给自己的信。
③ 手书:亲笔书写的信。
④ 西陵:绍兴附近地名。
⑤ 竹箬(ruò):箬竹的叶子。
⑥ 鉴湖:亦称镜湖,在绍兴市西南二公里处。
⑦ 贺家池、壶觞(shāng)、娄公埠:都是绍兴附近的地名。
⑧ 兰亭:在绍兴市西南兰渚山下,传为东晋书法家王羲之所造。现亭为清康熙三十七年(1698 年)重建,现存有流觞亭、右将军祠、碑亭等古迹。碑亭内有大石碑一块,上书“鹅池”二字,传为王羲之所书。亭以王羲之《兰亭集序》而出名。
⑨ 薜荔:木本植物,茎蔓生,叶卵形,果实球形,可做凉粉。
⑩ 川岛:即章廷谦(1901 年—1981 年),字矛尘,“川岛”是他的笔名。浙江上虞人,1919 年由山西大学转入北京大学哲学系。1921 年开始与周作人、鲁迅交往,借居在八道湾周家。
⑪ 偁(chēng)山:山名。

【文海导航】

    1926 年前后,作者周作人的思想充满了矛盾,一方面,他继续坚持“五四”文学革命的传统,支持进步的学生运动;另一方面,又产生消极退坡思想,写了一些寄情山水、闲适恬淡的散文小品。

　　全文共三个自然段。第一段是交代写作缘起：给老朋友游览自己的故乡做"指导"，以略尽朋友之谊。作者提到自己故乡时表现得比较平淡。但字面上淡化对家乡的感情，并非实际上对家乡感情不深，后面的内容就表明了这点。文章开篇运用的是似淡实浓、明贬暗褒的手法。第二段着重介绍故乡的一种"很有趣的东西"——乌篷船。这段介绍文字颇具特色。第三段作者又以朋友兼导游的双重身份给老友乘船出游当"参谋"。先谈出游时间，劝告老友不要"性急"。这很符合旅游心理。虽是"玩水"，却似"游山"。水光与山色相映成趣；以下历数游览的地点和场景，哪些地方"最好看"，哪些地方"颇有味"，哪些地方"千万不要去"，作者都了如指掌，仿佛心里藏着一张精密的旅游图，既是给别人导游，也是自己神游故里，陶然自乐。

　　这篇文章，通过写乌篷船等景物，表现了作者对家乡的热爱和对朋友的真挚情谊。文中向往那种"看随笔"、"喝清茶"、"要看就看，要睡就睡"、"行动自如"的"理想的行乐法"，虽然也折射出对现实生活的某些不满情绪，但主要是反映作者的"士大夫阶级"的人生哲学和生活情趣。在"风沙扑面，狼虎成群"的激烈的阶级斗争和民族斗争中，这种及时行乐的处世哲学，很容易导致政治上的消沉与动摇。

【思考与练习】

　　1. 有人说："周作人的散文的特点似乎有些琐细和平淡。"请结合本文谈一谈你的认识。

　　2. 由于文体所限，作者没有对子荣做过多的介绍，但从行文中，我们可以看到他的特点，请结合课文，分析子荣的特点。

第三单元 想北平①

老 舍

老舍(1899年—1966年),原名舒庆春,笔名絜青、鸿来、非我等,字舍予,北京满族正红旗人。中国现代小说家、作家,语言大师、人民艺术家,新中国第一位获得"人民艺术家"称号的作家。代表作有长篇小说《骆驼祥子》《四世同堂》,剧本《茶馆》。

设若让我写一本小说,以北平作背景,我不至于害怕,因为我可以捡着②我知道的写,而躲开我所不知道的。但要让我单摆浮搁的讲一套北平,我没办法。北平的地方那么大,事情那么多,我知道的真是太少了,虽然我生在那里,一直到廿③七岁才离开。以名胜说,我没到过陶然亭,这多可笑! 以此类推,我所知道的那点只是"我的北平",而我的北平大概等于牛的一毛。

可是,我真爱北平。这个爱几乎是要说而说不出的。我爱我的母亲。怎样爱? 我说不出。在我想做一件讨她老人家喜欢的事情的时候,我独自微微地笑着;在我想到她的健康而不放心的时候,我欲落泪。语言是不够表现我的心情的,只有独自微笑或落泪才足以把内心揭露在外面一些来。我之爱北平也近乎这个。夸奖这个古城的某一点是容易的,可是那就把北平看得太小了。我所爱的北平不是枝枝节节④的一些什么,而是整个儿与我的心灵相粘合⑤的一段历史,一大块地方,多少风景名胜,从雨后什刹海的蜻蜓一直到我梦里的玉泉山的塔影,都积凑到一块,每一小的事件中有个我,我的每一思念中有个北平,这只有说不出而已。

真愿成为诗人,把一切好听好看的字都浸在自己的心血里,像杜鹃似的啼出北平的俊伟。啊! 我不是诗人! 我将永远道不出我的爱,一种像由音乐与图画所引起的爱。这不但辜负了北平,也对不住我自己,因为我的最初的知识与印象都得自北平,它是在我的血里,我的性格与脾气里有许多地方是这古城所赐给的。我不能爱上海与天津,因为我心中有个北平。可是我说不出来!

伦敦,巴黎,罗马与君士坦丁堡,曾被称为欧洲的四大"历史的都城"。我知道一些伦敦的情形;巴黎与罗马只是到过而已;君士坦丁堡根本没有去过。就伦敦、巴黎、罗马来说,巴黎更近似北平——虽然"近似"两字要拉扯得很远——不过,假使让我"家住巴黎",我一定会和没有家一样地感到寂苦。巴黎,据我看,还太热闹。自然,那里也有空旷静寂的地方,可是又未免太旷;不像北平那样既复杂而又有个边际,使我能摸着——那长着红酸枣的老城墙! 面向着积水滩,背后是城墙,坐在石上看水中的小蝌蚪或苇叶上的嫩蜻蜓,我可以快乐地坐一天,心中完全安适,无所求也无可怕,像小儿安睡在摇篮里。是的,北平也有热闹的地方,但是它和太极拳相似,动中有静。巴黎有许多地方使人疲乏,所以咖啡与酒是必要的,以便刺激;在北平,有温和的香片茶⑥就够了。

论说巴黎的布置已比伦敦罗马匀调⑦得多了,可是比上北平还差点事儿。北平在人为之中显出自然,几乎是什么地方既不挤得慌⑧,又不太僻静:最小的胡同里的房子也有院子与树;最空旷的地方也离买卖街与住宅区不远。这种分配法可以算——在我的经验中——天下第一了。北平的好处不在处处设备得完全,而在它处处有空儿,可以使人自由地喘气;不在有好些美丽的建筑,而在建筑的四周都有空闲的地方,使它们成为美景。每一个城楼,每一个牌楼,都可以从老远就看见。况且在街上还可以看见北山与西山呢!

好学的,爱古物的,人们自然喜欢北平,因为这里书多古物多。我不好学,也没钱买古物。对于物质上,我却喜爱北平的花多菜多果子多。花草是种费钱的玩意,可是此地的"草花儿"很便宜,而且家家有院子,可以花不多的钱而种一院子花,即使算不了什么,可是到底可爱呀。墙上的牵牛,墙根的靠山竹与草茉莉,是多么省钱省事而也足以招来蝴蝶呀! 至于青菜,白菜,扁豆,毛豆角,黄瓜,菠菜等等,大多数是直接由城外担来而送到家门口的。雨后,韭菜叶上还往往带着雨时溅起的泥点。青菜摊子上的红红绿绿几乎有诗似的美丽。果子有不少是由西山与北山来的,西山的沙果,海棠,北山的黑枣,柿子,进了城还带着一层白霜儿呀! 哼,美国的橘子包着纸,遇到北平的带霜儿的玉李,还不愧杀!

是的,北平是个都城,而能有好多自己产生的花,菜,水果,这就使人更接近了自然。从它里面说,它没有像伦敦的那些成天冒烟的工厂;从外面说,它紧连着园林,菜圃与农村。采菊东篱下,在这里,确是可以悠然见南山的;大概把"南"字变个"西"或"北",也没有多少了不得的吧。像我这样的一个贫寒的人,或者只有在北平能享受一点清福了。

好,不再说了吧;要落泪了,真想念北平呀!

【作品注释】

① 选自《乡风市声》,人民文学出版社,1990 年版。

② 捡着:挑选。

③ 廿(niàn):二十。

④ 枝枝节节:比喻横生旁出的事情。

⑤ 粘(nián)合:黏在一起。

⑥ 香片茶:香片茶是花茶的别称。

⑦ 匀调(yún tiáo):匀称,即各部分搭配得很合适。

⑧ 挤得慌:拥挤。

【文海导航】

　　创作此文时,作者身处异地,在战乱的岁月中,思念他挚爱的北平。作者把对北平的感情上升到爱母亲的地位,他抛开一切美好的词语,用最通俗质朴的言辞,表达"我的每一思念中有个北平"。

　　第一部分:写自己对北平难以言传的热爱与思念。第1小节作者交代自己对如何写北京的考虑。第2、3两小节正面反映作者对北京特殊的爱。第二部分:通过对比等方法写出北京的特点,以此表达作者对北京的喜爱。第三部分:直接抒发想念北平的感情。

　　老舍作为语言大师,他的语言幽默诙谐,通俗明白,鲜明生动,具有经久不衰的艺术生命力。

　　(1) 语言通俗、纯净而又简洁、亲切。比如文章写到积水滩:"面向着积水滩,背后是城墙,坐在石上看水中的小蝌蚪或苇叶上的嫩蜻蜓,我可以快乐地坐一天,心中完全安适,无所求也无可怕,像小儿安睡在摇篮里。"短短几句,文字不多,但写景、状物,营造气氛,表现人物情感,都笔笔到位,如同天成。

　　(2) 善用比喻。如"我将永远道不出我的爱,一种像由音乐或图画所引起的爱"总之,老舍的比喻精彩恰当,不但能够紧紧抓住本体事物特征,而且注重喻体的具体性和形象性,因而大大增强了语言的表现力和艺术感染力。

　　(3) 善用对比突出特征。《想北平》中多处运用了对比,把北平与欧洲四大"历史的都城"(主要是与巴黎)做了多处比较,以突出北平具有的作者喜爱的特征。例如"巴黎有许多地方使人疲乏,所以咖啡和酒是必要的,以便刺激;在北平,有温和的香片茶就够了",通过对比,突出了北京宁静特征,鲜明地表现了老舍对北平的喜爱与眷恋。

【思考与练习】

　　1. "这个几乎是要说而说不出的爱",既是"说不出",作者用了怎样的类比来形容这种"爱"的?

　　2.《想北平》中如果增添人物描写或保持原状,你认为哪一种更好? 为什么?

　　3. 鉴赏本文的语言艺术。

第四单元　海　燕①

郑振铎

郑振铎(1898 年—1958 年)，出生于浙江温州，原籍福建长乐。中国现代杰出的爱国主义者和社会活动家、作家、诗人、学者、文学评论家、文学史家、翻译家、艺术史家，也是著名的收藏家，训诂家。1958 年 10 月 17 日，因飞机突然失事遇难殉职，享年 59 岁。其代表作有《插图本中国文学史》《中国文学研究》。

乌黑的一身羽毛，光滑漂亮，积伶积俐，加上一双剪刀似的尾巴，一对劲俊轻快的翅膀，凑成了那样可爱的活泼的一只小燕子。当春间二三月，轻飔②微微地吹拂着，如毛的细雨无因的由天上洒落着，千条万条的柔柳，齐舒了它们的黄绿的眼，红的白的黄的花，绿的草，绿的树叶，皆如赶赴市集者似的奔聚而来，形成了烂漫无比的春天时，那些小燕子，那么伶俐可爱的小燕子，便也由南方飞来，加入了这个隽妙无比的春景的图画中，为春光平添了许多的生趣。小燕子带了它的双剪似的尾，在微风细雨中，或在阳光满地时，斜飞于旷亮无比的天空之上，"唧"的一声，已由这里稻田上，飞到了那边的高柳之下了。再几只却隽逸③的在鄰鄰如縠纹④的湖面横掠着，小燕子的剪尾或翼尖，偶沾了水面一下，那小圆晕便一圈一圈地荡漾⑤开去。那边还有飞倦了的几对，闲散的憩息⑥于纤细的电线上——嫩蓝的春天，几支木杆，几痕细线连于杆与杆间，线上停着几个粗而有致的小黑点，那便是燕子。那是多么有趣的一幅图画呀！还有一家家的快乐家庭，他们还特地为我们的小燕子备了一个两个小巢，放在厅梁的最高处，假如这家有了一个匾额，那匾后便是小燕子最好的安巢之所。第一年，小燕子来住了，第二年，我们的小燕子，就是去年的一对，它们还要来住。

"燕子归来寻旧垒。"⑦

还是去年的主，还是去年的宾，他们宾主间是如何的融融泄泄⑧呀！偶然的有几家，小燕子却不来光顾，那便很使主人忧戚，他们邀召不到那么隽逸的嘉宾，每以为自己命运的蹇劣⑨呢。

这便是我们故乡的小燕子，可爱的活泼的小燕子，曾使几多的孩子们欢呼着，注意着，沉醉着，曾使几多的农人、市民们忧戚着，或舒怀的指点着，且曾平添了几多的春色，几多的生趣于我们的春天的小燕子！

如今，离家是几千里！离国是几千里！托身于浮宅之上，奔驰于万顷海涛之间，不料却见着我们的小燕子。

这小燕子，便是我们故乡的那一对，两对么？便是我们今春在故乡所见的那一对，两对么？

见了它们，游子们能不引起了，至少是轻烟似的，一缕两缕的乡愁么？

海水是皎洁无比的蔚蓝色，海波平稳得如春晨的西湖一样，偶有微风，只吹起了绝细绝细的千万个粼粼的小皱纹，这更使照晒于初夏之太阳光之下的、金光灿烂的水面显得温秀⑩可喜。我没有见过那么美的海！天上也是皎洁无比的蔚蓝色，只有几片薄纱似的轻云，平贴于空中，就如一个女郎，穿了绝美的蓝色夏衣，而颈间却围绕了一段绝细绝轻的白纱巾。我没有见过那么美的天空！我们倚在青色的船栏上，默默地望着这绝美的海天；我们一点杂念也没有，我们是被沉醉了，我们是被带入晶莹的天空中了。

就在这时，我们的小燕子，二只，三只，四只，在海上出现了。它们仍是隽逸的从容地在海面上斜掠着，如在小湖面上一样；海水被它的似剪的尾与翼尖一打，也仍是连漾了好几圈圆晕。小小的燕子，浩莽的大海，飞着飞着，不会觉得倦么？不会遇着暴风疾雨么？我们真替它们担心呢！

小燕子却从容的憩着了。它们展开了双翼，身子一落，落在海面上了，双翼如浮圈似的支持着体重，活是一只乌黑的小水禽，在随波上下的浮着，又安闲，又舒适。海是它们那么安好的家，我们真是想不到。

在故乡，我们还会想象得到我们的小燕子是这样的一个海上英雄么？

海水仍是平贴无波，许多绝小绝小的海鱼，为我们的船所惊动，群向远处窜去；随了它们飞窜着，水面起了一条条的长痕，正如我们当孩子时之用瓦片打水漂在水面所划起的长痕。这小鱼是我们小燕子的粮食么？

小燕子在海面上斜掠着，浮憩着。它们果是我们故乡的小燕子么？

啊，乡愁呀，如轻烟似的乡愁呀！

【作品注释】

① 选自《中国现代散文经典》，北京工业大学出版社，2009 年版。

② 轻飔(sī)：轻风。

③ 隽逸：俊秀飘逸。

④ 粼粼如縠纹：粼粼：形容水流清澈、闪亮的样子。縠纹(hú wén)：绉纱似的皱纹，常用以

喻水的波纹。

⑤ 荡漾:飘荡;水面等起伏波动。

⑥ 憩(qì)息:指休息。

⑦ 燕子归来寻旧垒:出自北宋阮逸女《浣溪沙》。垒:燕窝。

⑧ 融融泄泄(yì yì):形容和乐融洽。

⑨ 蹇(jiǎn):困厄;境遇不好。

⑩ 温秀:温和秀丽。

【文海导航】

　　1927年"四一二"蒋介石背叛革命,郑振铎被迫远走欧洲。他撷取了赴欧途中的一个生活片段,写了《海燕》。他从内心抒发了浪迹天涯的游子对祖国和故乡魂牵梦萦的思念之情。

　　全文可以分为两部分:第一部分(第1~7段):主要是回想故乡的小燕子在春天里活动的情景。通过对春风、春雨、春柳、春花、春草等景物的描写,把温暖、舒适、充满生机和活力的故乡的春天生动地再现出来,为小燕子的出场提供了一幅美丽的背景图画。第二部分(第8~14段):主要写现实中的小燕子在大海上活动的情景。海天一色,都是皎洁无比的蔚蓝;海波平稳,令人联想到春晨的西湖;微风吹起绝细绝细的波纹,在阳光照晒下显得温秀可喜;蔚蓝的天空中漂浮着几片薄纱似的轻云,如穿着蓝色夏衣的女郎颈间围着一段绝细绝轻的白纱巾。画面色彩明丽,作者两次发出赞叹:"我没有见过那么美的海","我没有见过那么美的天空"。

　　本文并不仅仅写海燕,还写了故乡的小燕子,为什么要以"海燕"为题? 海燕是作者咏物抒情的缘起。作者在海上看到小燕子,睹物生情,想到家乡的小燕子,想到故乡,想到祖国,情不能已,就让自己深沉而浓厚的感情化为这个在海天之间翻飞的"精灵"。虽然它在离家几千里、离国几千里的海上飞翔,但在作者眼里心里,它就是故乡的小燕子。所以,文章以"海燕"作为题目。

　　课文中很多句子写得非常生动、优美。仔细品味加点的词,想象这些语句所描绘的画面。小燕子带了它的双剪似的尾,在微风细雨中,或在阳光满地时,斜飞于旷亮无比的天空之上,唧的一声,已由这里稻田上,飞到了那边的高柳之下了。那边还有飞倦了的几对,闲散憩息于纤细的电线上——嫩蓝的春天,几支木杆,几痕细线连于杆与杆间,线上停着几个粗而有致的小黑点,那便是燕子。那是多么有趣的一幅图画呀! 天上也是皎洁无比的蔚蓝色,只有几片薄纱似的轻云,平贴于空中,就如一个女郎,穿了绝美的蓝色夏衣,而颈间却围绕了一段绝细绝轻的白纱巾。

【思考与练习】

　　1.《海燕》全文如何以"乡愁"为线索组织材料的?

　　2. 作者明明在写海燕,为什么还要问"它们果是我们故乡的小燕子么"?

　　3. 本文并不仅仅写海燕,还写了故乡的小燕子,为什么要以"海燕"为题?

第五单元　那条惑动故乡的公路

韩仰熙

韩仰熙,1965 年出生,河北师范大学文学硕士,张家口市作家协会副主席、张家口文学院副院长。诗人、小说家,散文家,出版诗集《韩仰熙的诗》《韩仰熙古体诗稿》,小说集《洒扫庭除》,散文集《山里·海边·路上》,人物传记《法布尔》等,作品入选《中国朦胧诗纯情诗多解辞典》《中国当代小诗大观》等。

我的故乡在冀东平原,一个普通的村庄,但因为一条公路的穿过,它也就被流动的信息,被外来的世界惑动着——孩子知道什么是最时髦的手机和衣服穿戴,老人们知道什么是国家大事和最流行的话题,所以说我们的村庄也就不再安然,不再纯粹了……

过去或者是从前,村人们祖祖辈辈过着农耕的日子。土地肥沃,河流纵横,大片的田地里普遍种植小麦和水稻,各季都有鱼虾,家家户户应该是丰衣足食的,没有人怀疑过自己居住在鱼米之乡。可是,眼下不同了,年轻人带头放弃了土地,他们开始动手寻找挣钱的营生:轧钢、造纸、服装加工等等等等,把个村子折腾得热火朝天。老人们多少有点抱怨——就是因为这条公路,生把孩子们的心给带"野"了!

是的,公路带动了年轻的心,可谁又能抗拒金钱的诱惑呢?

我的小村子在诱惑中、在挣扎中、在时代的旋涡中,日益消隐着它的古朴、纯然和普通本色……

因为村子紧靠公路,也就等于"地利"了,乡政府把它确定成小康示范村,电视电话不消说了,最近修起了水泥路,路边也有了简易的下水沟,沟边还整整齐齐地载上了树苗,颇有几分城市的格局了。特别是那树苗,金贵的紫花槐。这在天性就爱苗木的农人眼里等于稀罕物了,家家户户就都自觉地呵护着它们,如同伺候老人孩子,浇水施肥格外用心。当然喽,村委会还下令各家各户承包门前的树苗,因为那是村里统一花钱置办的,价格不菲呢。尽管如此,一年过去了,树苗成活的还是不多,即便是活下来的也是单单薄薄的没有一点喜相劲儿。

记得那年夏天我回老家,看到这些可怜的小树好像是一群不明身份的孩子,真有几分哭笑不得。后来听母亲说我家门前的树苗本来长得特别好,可愣是没有看住,被邻居家的牛给啃光了。为这事儿,本就仔细的母亲还和养牛的邻居去理论,叫他们拴好自家的牛。这有牛的人家却满不在乎,因为他家的那牛比这树值钱得多。结果,母亲惹了一肚子气,有好几天心里不自在,上火头疼连饭也吃不下。其实呢,她老人家埋怨的不是牛而是牛的主人,要养牛怎么就不好好喂呢,要是你家把牛喂得饱饱的,就是不拴着它,断也不会啃了树苗的……光顾着去钢厂上班挣钱了,连自家的牛也不喂……

牛,作为农耕时代财富和力量的象征,一直备受农人的青睐,甚至在老辈人中享受着足够的敬畏和尊重,它的作为是不会叫村人反感的,即使是它一时糊涂吃了庄稼啃了树苗。然而,它的主人不能无动于衷,虽然不可能代为受罚,也总该表现出知错改错的态度或补偿损失的诚意。村人们看重的是礼数、是脸面、是一口气,而不是诸如树苗之类的损失……

看来这条公路正在给原有的村庄替换价值观念,老辈儿的那些"礼数"也逐渐消失着……

然而,没有"牛邻居"的许多人家的树苗也没有成活,他们却在那个位置上栽了大葱。大葱是可以"贱养"的,没水少肥,大葱也可以生机勃勃,相对于小树来说是一种喜剧悲剧对比啊。或许,因为牛是不吃葱的?

大葱有这优势,树苗再多也长不起来;道路修得再好,村庄也变不了城市。

然而但是……村庄还是要拼命向城市迈进的。因为有了公路,公路使得村庄和城市真正地连接起来。沿着公路,城市的形象正在被乡村模仿,城市的内容也逐渐被乡村贩运、抄袭……

每每看到这条公路,我特别感慨,甚至感慨万千——它像一条鞭子,抽打着我的村庄。而我可怜的村庄在无情的鞭策下,是向前赶呢,还是往后退呢?

是从那条公路,我走出我的村庄,还是从那条公路,我又多次回到我的故乡;是从那条公路,我搭上了飞奔的汽车,还是从那条公路,我走进了五光十色的城市……走进了熙熙攘攘的人群……

那条穿过村庄的公路,那条惑动着故乡的公路啊……

【文海导航】

时光在悄然流逝,生活在日新月异,而那些发生在我们身边的变化恰恰留给人类反省或自责。豁然的惊艳也好,黯然的神伤也罢,回首那些已然完成的存在,绽开于心头的发现正是岁月最本真的馈赠。

而《那条惑动故乡的公路》正是用具象的感悟给我们填充了一种对岁月对生活的思考。

作者从穿越故乡的那条公路入手,生动地讲述了今天乡村发生的许多变化,可谓是衣食住行方方面面,都无法拒绝流行的惑动。特别是耕牛损害树苗的典型事件被生动地剖解开来,既叫人倍感无奈,又令人生发许多感慨,难道说城乡之间的差别真是不可填平的沟壑吗?物质条件的丰富与改善能使道德素养和人文教育得到提升吗?不言而喻,多年来我们忽略了一些很重要的东西。修路,不能只为了致富!村庄,不能只有城市的模样!路,要给生活准确的方向;村庄,要像城市一样恪守规矩与骨气!

【思考与练习】

1. 为什么说:"就是因为这条公路,生把孩子们的心给带'野'了!"?
2. "惑动故乡的公路"该不该修呢?

第五部分

中外国小说选读欣赏

第一单元　中国古代小说

第一课　快嘴李翠莲

作者不详

　　《清平山堂话本》是现存刊印最早的话本小说集，它真实保存了宋元明三代话本的原始面貌，由明代洪楩编印，原名《六十家小说》，今存二十九篇。书中的很多故事被"三言二拍"等短篇小说集所采撷改编，对后世的文学创作产生了一定的影响。《快嘴李翠莲》这是我国较早的一篇白话小说。作者不可考，可能是宋元时人。主人公李翠莲心直口快，出口成骂，见谁不顺眼就骂谁。

【作品赏析】

　　《快嘴李翠莲记》围绕青年女子李翠莲出嫁前后四天之内发生的事情来描写她的反抗斗争。封建社会的女子，出嫁是"终身大事"。"三从"的中心是"从夫"，委身于男人。这既不是自由结合，又没有平等地位。女子在出嫁问题上，完全不能考虑自己的爱情、幸福，根本不能掌握自己的命运和未来。相反，按照封建礼教，对她们却有种种苛刻的要求和规定。她们只能听人摆布。

　　李翠莲出身中等小康人家。父亲李吉，人称李员外。话本介绍李翠莲的公公张俊"家中颇有金银"，又说张李二家"门当户对"，可见李翠莲家是过得去的，但也只是生活中事，因为她家并无丫鬟奴仆，李翠莲自己还要劳动。李翠莲除了姿容出众，"书变百家，无所不通"之外，还能纺线、绣花、推磨、舂米、浆洗、烹调，粗活细活都拿得起来。她说自己"纺得纱，绩得苎，能裁能补能绣刺。做得粗，整得细，三茶六饭一时备。推得磨，捣得碓，受得辛苦吃得累，烧卖、匾食何难，三汤两割我也会。"尤为重要的是她"从小生得有志气"，这突出地表现在她口齿伶俐，能说会道，问一答十，问十道百。作者赞美说："问一答十古来难，问十答百岂非凡。能言快语真奇异，莫作寻常当等闲。"作者告诉读者不要小看了李翠莲的"能言快语"。由于李翠莲"口嘴快些，凡向人前，说成篇，道成溜"，一说一大套，一讲就讲得顺溜流畅，因此她被称为"快嘴"。

所谓"快嘴"，实质上是不满意"三从四德"的束缚，要发表意见，要自作主张，不能光听别人的。须知这是一种反抗行为，是斗争。李翠莲能干活，肯吃苦，封建阶级当然允许，并且赞扬、鼓励，而要自由说话议论，跟别人争辩，那就叫放肆、撒泼、不成体统，是绝对禁止的。只有默默无语、唯命是从才是妇女的本分，那就叫温柔和顺；即使非开口不可，也得轻言细语、笑不露齿、行不露足，那就叫稳重端庄。李翠莲可不管这一套，她放开喉咙，爱说就说，大讲特讲。

那么多的仪式礼节，那么多的清规戒律，那么多的枷锁镣铐，这就使得"从小生得有志气"的李翠莲忍受不了，她觉得受到了人家的取笑和捉弄，于是提出抗议，甚至大发脾气，愤怒斥骂。在家中父母还可以迁就，兄嫂还可以原谅，那么，婆家那边的公婆大伯嫂子小姑就万万不能容忍，一个个指责她，甚至挑唆丈夫毒打她。但李翠莲丝毫也不示弱，针锋相对，寸步不让。这样矛盾越来越尖锐，李翠莲终于被婆家"休"了。所谓"休"，就是在封建社会以为妇女犯了不能容许的过失罪恶，而被丈夫赶出家门。李翠莲遭到这样极不公平的待遇，她理直气壮，认为自己行得端，走得正，被"休"有什么要紧，干脆一刀两断。李翠莲以为出家了，逍遥自在，再不受什么"三从四德"的约束了，可她没想到还有更加严酷的宗教清规，她不仅被剥夺了说话的权利，而且连生活的权利也几乎被剥夺了。李翠莲的结局实际上是悲剧。虽然如此，她的反抗性格、斗争精神却给人们留下了深刻难忘的印象。

这篇话本把李翠莲的"快嘴"，用快板的形式来表现，内容与形式和谐统一，也可以看出早期话本说唱兼有的痕迹。

宋元小说话本还塑造了许多类似李翠莲这样性格坚强、勇于反抗的妇女形象。

第二课　贾宝玉神游太虚境　警幻仙曲演红楼梦

曹雪芹

　　曹雪芹(约1715年—约1763年),名沾,字梦阮,号雪芹,又号芹溪、芹圃,中国古典名著《红楼梦》作者。曹雪芹早年在南京江宁织造府亲历了一段锦衣纨绔、富贵风流的生活,曾祖父曹玺任江宁织造;曾祖母孙氏做过康熙帝的保姆;祖父曹寅做过康熙帝的伴读和御前侍卫,后任江宁织造,兼任两淮巡盐监察御史,极受康熙宠信。雍正六年(1728年),曹家因亏空获罪被抄家,曹雪芹随家人迁回北京老宅,靠卖字画和朋友救济为生。曹雪芹素性放达,爱好广泛,对金石、诗书、绘画、园林、中医、织补、工艺、饮食等均有所研究。他以坚韧不拔的毅力,历经多年艰辛,终于创作出极具思想性、艺术性的伟大作品——《红楼梦》。本回为《红楼梦》第五回。

【作品赏析】

　　第一回是开篇。先用"女娲补天"、"木石前盟"两个神话故事作楔子,为塑造贾宝玉的性格和描写贾宝玉和林黛玉的爱情故事,染上一层浪漫主义色彩。在"女娲补天"的故事中,作者特意描写了一块"无材补天,幻形入世"的顽石。这便是随贾宝玉一起降生,又为贾宝玉随身佩戴的"通灵宝玉"。它对贾宝玉的叛逆性格有隐喻作用;一方面暗示他无"补天"之材,是个不符合封建社会要求的"蠢物";另一方面也暗示他与封建主义相对立的思想性格,具有像从天而降的顽石一样的"顽劣"性,难以为世俗所改变。"木石前盟"主要交代了这块"无材补天"的顽石与绛珠仙草的关系,说明这顽石在投胎入世之前,曾变为神瑛侍者以甘露灌溉了一棵"绛珠仙草"使其得以久延岁月,后来遂脱去草木之态,幻化人形,修成女体。在这顽石下世之时,她为酬报灌溉之德,也要同去走一遭,把一生所有的眼泪还他。这绛珠仙草便是林黛玉的前身。

　　第二回是交代贾府人物。通过"冷子兴演说荣国府",简要地介绍了贾府中的人物关系,为读者阅读全书开列了一个简明"人物表"。

　　第三回是介绍小说的典型环境,通过林黛玉的耳闻目睹对贾府做了第一次直接描写。林黛玉进府的行踪是这一回中介绍贾府人物,描写贾府环境的线索。

　　第四回是展现小说更广阔的社会背景。通过"葫芦僧判断葫芦案"介绍了贾、史、王、薛四大家族的关系,把贾府置于一个更广阔的社会背景之中来描写,使之更具有典型意义。同时由于薛蟠的案件自然带出薛宝钗进贾府的情节。

　　第五回是全书的总纲。通过贾宝玉梦游太虚幻境,利用画册、判词及歌曲的形式,隐喻含蓄地将《红楼梦》众多主要人物和次要人物的发展和结局交代出来。

　　红楼梦曲,是《红楼梦》中预示金陵十二钗命运的套曲,第五回太虚幻境梦中,警幻仙子盛情邀请贾宝玉聆听十二位舞女的现场演唱。曲子共十四支,其中首支、末支分别为引子、收尾,中间十二支分咏金陵十二钗。曲子同金陵十二钗图册判词一样,为了解人物历史、情节发展以及四大家族的彻底覆灭提供了重要线索。

太虚幻境是掌握女人命运的机关,警幻仙女是这个机关的领袖。贾宝玉在宁国府的媳妇秦可卿卧室中睡午觉,做梦到了太虚幻境,见到绝色美神警幻仙,让他看了金陵十二钗部分女人的命运册子,又让他聆听《红楼梦》曲子。但梦中的宝玉并不理解。

作者在这一回中表现出的思想是多方面的,甚至是相互矛盾的。作者通过太虚幻境和警幻仙女,一方面表示"爱情是灾难,是悲剧"的思想;另一方面又宣扬爱情享乐主义。

《红楼梦》:此处指十四支套曲。"红楼梦引子"头三句"开辟鸿蒙,谁为情种?都只为风月情浓",表述了《红楼梦》书中的一些情节是写男女爱情的。"奈何天,伤怀日,寂寥时",即经历了"富贵不知乐业,贫穷难耐凄凉"之后,"愧则有余,悔又无益,大无可如何之日也"来"试遣愚衷"写作这部《红楼梦》的,"因此上演出这悲金悼玉的红楼梦",表述了《红楼梦》是为"悲金悼玉",是为不使大观园中的女儿们一并泯灭而创作的。

《终身误》:讲的宝玉、宝钗和黛玉三者的爱情悲剧。"金玉良姻""晶莹雪""齐眉举案"指的都是宝钗,而"木石前盟"的"木"和"寂寞林"指的是黛玉。"俺",是宝玉。"金玉良姻"中"金"即宝钗带的金锁,"玉"即宝玉的"玉",宝钗具备封建阶级女性的一切"美德",她比黛玉更符合荣府少奶奶的标准。"木石前盟"中"木"指黛玉前世绛珠仙草,"石"指宝玉前世顽石。宝玉以神瑛侍者身份用甘露之水灌溉黛玉的前身绛珠草,使其得换人形,修成个女体。"晶莹雪"即薛宝钗,"寂寞林"即林黛玉。"纵然是齐眉举案,到底意难平"意思是即便金玉结合,也没有圆满结局。

《枉凝眉》:讲的是宝玉和黛玉的爱情。宝玉是上界的神瑛侍者,黛玉则是绛珠仙子,为还侍者的甘露之惠而下界。"水中月"、"镜中花"暗示二人的结局。在荣国府那样的牢笼里,黛玉这个多愁善感的女孩子,像一支柔嫩的小草在"风刀霜剑"凌逼之下枯槁了。《枉凝眉》,意思是白白地皱眉头,命运就这样无情,追悔、痛苦、叹息、遗憾,全都无用。

《恨无常》:写的是元春。"恨无常",暗示元春早死——无常是佛家语言,原指人世一切即生即灭、变化无常,后俗传为勾命鬼。元春在《红楼梦》中出场不多,却是一股可以在背后操纵贾府命运的力量。她以"贤孝才德"被选进宫里做了女史(女官名),后来又被晋封为"凤藻宫尚书",加封"贤德妃",是荣府女性中地位最高的一位。贾家煊赫的势力,除靠祖宗功名基业外,还靠着家里出了"皇娘"这层重要关系。这支曲子以贾元春的口吻,咏叹荣华富贵的无常,劝其父不要留恋荣华富贵。这首曲同时也预示了元春死后,贾府即将遭受重大变故。

《分骨肉》:写的是探春。骨肉指父母与儿女之间的关系,"分骨肉",是说儿女与父母永远分离。探春是贾政的小老婆赵姨娘生的。在贾家四姊妹中她排行老三,是最聪明、最有才干的一个。但她生于贾府即将走向衰落的"末世",又是庶出的不幸。"才"、"志"不能得到充分发挥的可惜。此曲暗示探春远嫁边疆,出嫁时乘船而去。曲中"从今分两地,各自保平安",暗示她一去不归。

《乐中悲》:此曲讲史湘云。"乐中悲",是说荣华富贵中潜伏着危机,欢乐中潜藏着悲哀。她幼年丧亲,无人疼爱。她生性豁达,夫婿早逝。

《世难容》:此曲讲妙玉。"世难容",是说不被社会所容。妙玉愤世嫉俗,不为社会所容。妙玉是个出众的才女,诗书琴棋样样皆通。她出身宦门,聪慧无比,又自幼就与世隔绝;但她又偏偏住进大观园里,同她年龄仿佛的贵族小姐们就在她周围过着花团锦簇的繁华生活,可她凄凄楚楚地守着青灯古佛,敲着木鱼念经,木乃伊般地打坐。"命运"是多么残酷! 当然这样一个才貌双全的小尼姑,自然是那些纨绔子弟艳羡的对象。

《喜冤家》:此曲写迎春。"喜冤家"意思由于错误的婚配遇上了冤家对头。"中山狼"比喻凶狠残暴而又忘恩负义的人,《红楼梦》的"中山狼",按后四十回续书所写,是孙绍祖逼死了迎春。首句"子系中山狼"中"子系"二字合成"孙"的繁体字,指的是迎春的丈夫孙绍祖。"当日根由"即孙绍祖在家境困难时曾经拜倒在贾门府下,乞求帮助。后来,孙绍祖在京袭了官职。又"在兵部候缺提升",一跃成为"暴发户"。贾家衰败后,孙绍祖任意践踏迎春。《喜冤家》以迎春的口吻对孙绍祖的控诉。她嫁过去之后,受尽种种虐待,一年之内就被折磨死了。

《虚花悟》:此曲讲惜春。"虚花悟"就是彻底明白了荣华富贵都使虚幻无据之意。暗示惜春的结局是出家。惜春是宁国府贾敬的女儿,贾珍的胞妹。她是贾家四位千金中最小的一个,她眼看着当了娘娘的大姐元春短命夭亡,二姐迎春出嫁不久被折磨死,三姐探春远嫁他乡音信渺茫,都没有好遭遇,所以才"看破红尘"毅然出家的。但是在作者看来,惜春皈依佛门并非是解脱,反而是另一段苦难的开始。一个从小娇生惯养、锦衣玉食的贵族小姐,从此将独守"青灯古佛",承受着无穷无尽的冷清和孤寂。这首曲子不只是为惜春而设,而且抒发直接抒发幻灭后的悲哀之情。

《聪明累》:此曲写王熙凤。"聪明误"是知进不知退,聪明反被聪明误之意。"忽喇喇似大厦倾,昏惨惨似灯将尽",预示她的命运是与贾府的命运紧密联系的,贾府破落,她也必然难逃悲剧的结局。她姿容美丽,禀性聪明,口齿伶俐,精明干练,然而她心性歹毒,为了满足无止境的贪欲,克扣月银,放高利贷,接受巨额贿赂,为此可以杀人不眨眼,什么缺德的事全干得出来,是个吃人不吐骨头的女魔王。她的才能和她的罪恶像水和面糅在了一起。因此当贾家败落时,第一个倒霉的就是她,将要凄惨地结束其短暂的一生。

《留余庆》:此曲写巧姐。"留余庆"出自俗语"积善人家庆有余",意谓前人积德,后人沾惠。刘姥姥在穷得过不去冬时,曾到贾府去求助。凤姐在无意中也救济了她,曲中说的"积得阴功",指的就是这件事。后来巧姐被其舅王仁等人卖给妓院,刘姥姥救她出来,使她"逢凶化吉"了。"正是乘除加减,上有苍穹"意思是世间人的所作所为和所得也有因果关系,上有苍穹在冥冥之中在执行"加减乘除"这个因果法则。

《晚韶华》：此曲讲李纨。"晚韶华"意思是晚年要荣耀一番。李纨出身于官僚家庭，其父李守中为国子监祭酒（类似国立贵族子弟大学校长）。自幼其父就教她读《列女传》之类的书，他受封建伦理道德的熏陶，成为一名典型的淑女。青春丧偶，一心孝敬公婆和抚养儿子。贾家没落后，贾兰要靠读书求取功名，"头戴簪缨"，"胸悬金印"，当一个大大的官；李纨要因此受诰封，"戴珠冠，披凤袄"，荣耀一番。可是在作者看来，年轻守寡，晚年母以子贵，也不过供世人作谈笑资料罢了。

《好事终》：此曲写秦可卿。"好事终"指秦可卿与贾珍的丑事告一段落，曲名含着明显的讽刺意味。秦可卿出身并不高贵，是其父秦业从"养生堂"抱养的孤儿。贾珍垂涎其美，不顾伦理关系，勾引她堕落，导致她自杀。

《红楼梦》写了贾家水、代、文、玉、草五代人。第一代贾演、贾源是创业的一代，第二代贾代善、贾代化是守业的一代，第三代贾敬、贾赦、贾政都是草包，开始走下坡路，第四代贾珍、贾琏等奢侈淫乐，无恶不作，成为狗都不如的败类，第五代贾蓉、贾蔷一辈就更提不起来了。《红楼梦》的悲剧在很大程度上是封建阶级后继无人的悲剧。作者写贾珍一家的糜烂的生活，不仅仅是谴责这种乱伦关系，还要暴露开始的全面腐败堕落。

《收尾·飞鸟各投林》：这是《红楼梦曲》总收尾的曲子。"飞鸟各投林"是"家散人亡各奔腾"的另一种说法，与"树倒猢狲散"同义。此曲总括贾府命运的，无论怎样，贾府最终的衰落都是必然的。开头六句，从六个方面描述了贾府中各种人物的悲剧命运，说明了这一"钟鸣鼎食"之家，确已到了"烟消火灭"之时。中间四句从"冤冤相报自非轻"到"老来富贵也真侥幸"，既写封建贵族阶级的腐朽没落，必将灭亡，但作者又无法做出正确的判断与理解，于是便做出了事皆前定的宿命论的解释，产生了消极的虚无主义思想。最后四句，将遁入空门当作人生最理想的归宿。"落了片白茫茫大地真干净"，可以看成是"物极必反"，但又不无惋惜之情。

第三课 陆逊营烧七百里 孔明巧布八阵图

罗贯中

罗贯中(约 1330 年—约 1400 年),名本,字贯中,号湖海散人,元末明初小说家,《三国志通俗演义》的作者。山西并州太原府人,其他主要作品有小说:《隋唐两朝志传》《残唐五代史演义》《三遂平妖传》《水浒全传》。《三国志通俗演义》(简称《三国演义》)是罗贯中的力作,这部长篇小说对后世文学创作影响深远。除小说创作外,尚存杂剧《宋太祖龙虎风云会》。

【作品赏析】

第八十四回陆逊设计火烧连营,刘备七百里营寨均被烧着,刘备率残兵败将回到白帝城。陆逊追击至鱼腹浦,诸葛亮预先在此地布下石阵,阻拦住陆逊的军队。陆逊担心曹丕乘虚伐吴,引兵返回。彝陵之战是汉末时期三大重要战役之中的最后一战,此战的结局从而确定了日后几十年的三国鼎立的局面,从一定意义上说,也决定了日后蜀汉东吴两国的战略格局。

彝陵之战并非一场以少胜多的战役,为何年纪轻轻的陆逊能够战胜久经沙场的刘备呢?

孙权是彝陵之战获胜的关键因素之一。陆逊是孙权任命的第一个大都督,这因为陆逊的资历不足,不加大都督之衔无以统御众将。

刘备连营是陆逊取胜的另一原因。诸葛亮说:"岂有连营七百里而可拒敌乎?"那连营肯定是不对的。但是当年一代名将曹操在官渡也是连营几十里抗拒袁绍的。

陆逊说:"备是猾虏,更尝事多,其军始集,思虑精专,未可干也。今住已久,不得我便,兵疲意沮,计不复生。"兵疲——彝陵之战的关键。初期蜀汉斗志高昂,兼之本来的战斗力就略高于东吴军,所以连连获胜,此时的蜀汉军求战心切,而假如东吴军与这些战意旺盛的蜀汉军对抗,便是实力相当只怕也要失败,所以陆逊采取了收缩兵力和防线,将兵力集中到彝陵一带,而且不与蜀汉军作战,形成僵持的局面。形成僵持局面会怎么样? 所谓"刚不可久",旺盛的斗志不可能一直持续下去,有斗志旺盛的时刻,就一定有斗志低落的时刻,原本充足的后勤补给,也会因为时间的延长,运输线路的延长而开始困难,这会导致士气的进一步下降。人不可能保持长期的斗志,尤其是在漫长的僵持阶段,这一点对于进攻一方更是如此,远离家乡使得思乡情绪蔓延,原本渴望获取的战利品也因为战事的僵持而变得遥遥无期,还要忍受不熟悉的环境,这使得进攻一方远远要比防守一方更厌倦僵持。之后多次的战争史都表明了一点,无论是任何一方,假如不能快速进攻获胜而形成僵持局面的话,失败便就等待着他们。

陆逊身负重任,心绪周密,蜀汉军的变动,他正好看在眼中,六月酷暑,将蜀汉军折磨得不轻,蜀汉已显疲态,正因为如此,他才敢于对孙权说,克敌就在眼前,但是为了安全起见,他还要做一番试探,试试这刘备是准备再一次诱敌还是真正的兵疲撤兵。这也就是先攻一营的试探,在试探之后,其他诸将对这连营战术头疼的时候,他却坚定了自己的信心,开始了全面的进攻。

　　蜀汉本就兵疲,又准备撤兵,在这样的情况下被陆逊的全面进攻打乱了手脚,原本扼守要害的屯兵被吴军火攻阻隔起来,各个击破。

第四课　花和尚倒拔垂杨柳　豹子头误入白虎堂

施耐庵

施耐庵(约1296年—约1370年),原名彦端,字肇瑞,号子安,别号耐庵。泰州兴化人,祖籍苏州,舟人之子,生于兴化白驹镇(今盐城市大丰区),13岁入私塾,19岁中秀才,29岁中举人,35岁中进士。35岁至40岁之间官钱塘二载,后与当道不合,复归苏州。至正十六年(1356)六十岁,张士诚据苏,征聘不应;与张士诚部将卞元亨相友善,后流寓江阴,在祝塘镇教书。71岁或72岁迁兴化,旋迁白驹场、施家桥。朱元璋屡征不应;最后居淮安卒,终年74岁。著作是四大名著之一的《水浒传》。

【作品赏析】

《水浒传》,中国四大名著之一,是一部以北宋末年宋江起义为背景的章回体长篇小说,艺术地反映了中国历史上宋江起义从发生、发展直至失败的全过程,深刻揭示了起义的社会根源,满腔热情地歌颂了起义英雄的反抗斗争和他们的社会理想,也具体揭示了起义失败的内在历史原因。它是中国历史上最早用白话文写成的章回小说之一,中国四大名著之一。现存刊本署名大多有施耐庵、罗贯中两人中的一人,或两人皆有。《水浒传》热情地歌颂了在这一过程中涌现出来的宋江、林冲、鲁智深、武松、李逵等梁山英雄,以及"八方共域,异姓一家"的农民革命理想。

《水浒》的艺术成就,最突出地显示在英雄人物的塑造上。金圣叹说:"一百零八个人性格,真是一百零八样。"本课中的鲁智深为人慷慨大方,疾恶如仇,豪爽直率,但粗中有细。因见郑屠欺侮金翠莲父女,三拳打死了镇关西,为了替金氏父女出气三拳打死了郑屠后,弃职逃往他地。他先来到五台山文殊院出家,因不守佛规,喝酒闹事,方丈又把他介绍到大相国寺看菜园子。菜园子附近住着二三十个泼皮,他们常来菜园子偷菜,已换了几个看园子的人都管不了他们。花和尚鲁智深连根拔直垂杨柳,众泼皮惊服。

在人物塑造方面,最大特点是作者善于把人物置身于真实的历史环境中,扣紧人物的身份、经历和遭遇来刻画他们的性格。林冲是水浒中凤毛麟角的出身好的人。禁军教头的地位,优厚的待遇,美满的家庭,使林冲很自然地形成了一种安于现实、怯于反抗的性格,对统治阶级的迫害一再隐忍;同时这种经历,又使他结交了四方好汉,形成了豪爽、耿直、不甘久居人下的品德。因此林冲的隐忍不同于逆来顺受。在他"忍"的性格中,蕴藏着"不能忍"的因素,聚集着复仇的怒火。他一开始退让忍耐,希望对方能够放过他,高太尉螟蛉之子高衙内调戏林冲之妻。林冲见是高衙内,虽然恼怒,但忍了。智深来助,林冲忍让。高衙内思念林妻,富安和林冲好友陆虞候陆谦出卖朋友,请林冲去吃酒。高衙内却哄林妻到陆虞侯家调戏,林冲闻讯赶到,衙内逾窗而逃。但恶势力却始终不依不饶,林冲最后走投无路,逼上梁山。

高太尉为设计林教头,事先暗中命人将自己宝刀卖予林冲,再过了几日,让下人以看刀为名,将林冲带入太尉府,又欺负林冲不认识路,把他带入了白虎堂。白虎堂为军机重地,林冲这等下级军官是没资格进的,更不许带刀进入。等林冲惊觉时,已晚。高俅突然出现,指控林冲携刀私入白虎堂欲行刺自己。林冲百口难辩。高俅本想置其于死地,但在开封府尹的周旋下,林冲被判携刀私入白虎堂刺配沧州。最后他被逼上梁山,正是这种"不能忍"的怒火的总爆发,是他性格发展的必然结果。

《水浒》曲折动人的情节,尖锐激烈的矛盾冲突,往往通过一个个场面展开、一个个细节描写、一步步地推向高潮。《水浒》的结构是纵横交错的复式结构。梁山起义的发生发展和失败的全过程纵贯全篇,其间连缀着一个一个相对独立自成整体的主要人物的故事。这些故事自身在结构上既纵横开阖,各尽特色,又是整个水浒故事的有机组成部分。《水浒》的这种独具特色的结构,是民间艺人"说话"特色的具体表现。与之相联系的是《水浒》的语言,它在群众口语基础上经过加工提炼,保存了群众口语的优点,具有洗练、明快、生动、色彩浓烈、造型力强的特色。《水浒》的语言,以北方口语为基础,经过加工,因此它的语言明快、洗练。

第五课　周蒙师暮年登上第

吴敬梓

　　吴敬梓(1701 年—1754 年),字敏轩,一字文木,号粒民,清朝最伟大的小说家之一。汉族,安徽省滁州市全椒县人。因家有"文木山房",所以晚年自称"文木老人",又因自家乡安徽滁州全椒县移至江苏南京秦淮河畔,故又称"秦淮寓客"(现存吴敬梓手写《兰亭序》中盖有印章:"全椒吴敬梓号粒民印")。幼即颖异,善记诵。稍长,补官学弟子员。尤精《文选》,赋援笔立成。不善治生,性豪迈,不数年,旧产挥霍俱尽,时或至于绝粮。

　　雍正十三年(1735 年),巡抚赵国麟举以应"博学鸿词",不赴。移家金陵,为文坛盟主。又集同志建先贤祠于雨花山麓,祀泰伯以下二百三十人。资不足,售所居屋以成之,家因益贫。晚年,自号文木老人,客扬州,尤落拓纵酒。后卒于客中。著有《文木山房诗文集》十二卷(今存四卷)、《文木山房诗说》七卷(今存四十三则)、讽刺小说《儒林外史》。

【作品赏析】

　　"儒林"一词源出《史记》"儒林列传",指学术界。"外史"即野史、杂史和以描写人物为主的旧小说之类。作者吴敬梓出身望族,曾祖父和祖父两代人共有六名进士,其中榜眼、探花各一名,其父吴霖起是康熙年间的拔贡。他应科举,被斥责为"文章大好人大怪",遭到侮辱。安徽巡抚赵国麟正式荐举他入京廷试,但他坚决拒绝,从此不再参加科举考试。至晚年,常处于饥寒交迫。这样的个人经历,令他本人对科举的利弊感受尤深。

　　《儒林外史》的结构非常特殊。它没有一个自始至终连贯全部故事情节的中心人物或主要线索,往往是用几个章回写一段故事,叙述几个人物的可笑事迹。"虽云长篇,颇同短制",也就是说,这部长篇小说实际上是由一系列相互间有着松散联系的短篇故事组成的。课文选自第二回至第三回写周进的故事。六十多岁的周进,"苦读了几十年的书",考得胡子都花白了还未考中,受尽了秀才和举人的奚落和凌辱,使得他一腔辛酸,满怀苦楚。他来到省城,见到贡院的号板时,不由触景生情,一头撞晕过去。几个商人可怜他,凑了一些银子给他捐了个监生,他才得以参加乡试,不料竟然中了。而后他又中了进士,官一直做到了御史,钦点广东学道,负责广东省的科举考试。由于同样吃过科考的苦头,他出于同情心,赏给同样考了几十年未考中的范进一个举人。小说至此自然地转入范进的故事。

　　《儒林外史》白描精确。"苦读了几十年的书",考得胡子都花白了还未考中,不曾想花点钱买了个考试资格,竟然能"到京会试,又中了进士,殿在三甲,授了部属。荏苒三年,升了御史,钦点广东学道",不着一字批评,非议自在文中。

　　《儒林外史》具有悲喜交融的美学风格。吴敬梓能够真实地展示出讽刺对象中戚谐组合、悲喜交织的二重结构,显示出滑稽的现实背后隐藏着的悲剧性内蕴,从而给读者以双重的审美感受。周进撞号板,看似可笑又蕴含着深沉的悲哀,这最惹人发笑的片刻恰恰是内在悲剧性最强烈的地方,从而使讽刺具有文化容量和社会意义。

第二单元　外国小说赏读

第一课　约翰·克利斯朵夫

罗曼·罗兰

　　罗曼·罗兰(1866年—1944年)，法国思想家、文学家，批判现实主义作家，音乐评论家，社会活动家，1915年获得诺贝尔文学奖，20世纪上半叶法国著名的人道主义作家。他的小说特点被人们归纳为"用音乐写小说"。他积极投身进步的政治活动，声援西班牙人民的反法西斯斗争，并出席巴黎保卫和平大会，对人类进步事业做出了一定的贡献。代表作《名人传》《约翰·克利斯朵夫》。

【作品简介】

　　《约翰·克利斯朵夫》通过主人公一生经历去反映现实社会一系列矛盾冲突，宣扬人道主义和英雄主义。它是一部多主题的长篇小说，在小说的扉页上，罗兰将小说题献给"各国的受苦、奋斗、而必战胜的自由灵魂"。小说描写了主人公奋斗的一生，从儿时音乐才能的觉醒到青年时代对权贵的蔑视和反抗，再到成年后在事业上的追求和成功，最后达到精神宁静的崇高境界。罗曼·罗兰凭借《约翰·克利斯朵夫》一书获1915年诺贝尔文学奖。

　　主人公约翰·克利斯朵夫的许多事迹都是以贝多芬为原型的。克利斯朵夫出生于一德国小城。小城那种闭塞的空气使他窒息，他如同关在笼里的困兽，他狂野奔放的激情之火一天天熄灭。而最令他气喘不过的还不是这缺乏自由的天地，而是泛滥了的理想主义。每个人都陶醉在自己伟大力量的幸福之中，宣讲着理想和胜利，整个德国充斥着一种自命不凡的军人式傲慢，而这些在艺术中则表现为一种感伤主义的希冀。艺术家在说谎，不敢直面人生。他满怀希望地踏上了开往法国的火车。初到巴黎，混乱是克利斯朵夫第一个也是最深刻的一个印象。在这儿，任何人都想做自由人，都不愿遭捆缚，法国是被自由灌醉了！克利斯朵夫在研究了德法之后，又去研究意大利。意大利纯洁而美好的理想主义热情深深地吸引住了他。这里有的只是安宁平静的气氛和彻底迷恋传统的温情。克利斯朵夫觉着自己需要这种温情，需要这个国家，以便在创作中把自己狂放不羁的情感协调得平和些。这位桀骜不驯的青年人曾满怀偏见去审视民族，然而，"一切民族都使约翰·克利斯朵夫备尝痛苦，也使他受到恩惠；一切民族都使他感到失望，也使他受到赞扬。他日益清楚地认识了他们的面目。在他旅游结束时，一切民族对这位世界公民来说，都不过是灵魂的祖国，而这位音乐家幻想创造一部崇高作品，一部伟大的交响乐，在那里，各民族的声音摆脱了刺耳的不和谐，而以最动听的人类和谐响彻云霄"。

童年时期的主人公的重要经历是爷爷去世。祖父是他的音乐启蒙教师，爷爷无法面对落魄的现实，对过往的荣耀无法忘怀，因此他强烈渴望上流社会生活。所以在几岁的孙子乱作的曲子中添加自己的成分，借以使他那日后辉煌的孙子和世人不会忘记他。如他所盼望的那样，他的孙儿十分争气，但却不让他省心，最后只能抱憾而终。临死前，他从灵魂深处呼喊的名字竟然是"妈妈"，没有常人所想的临终前对子孙的寄托，这说明生活的压力之大，心灵的折磨之深，他明白所追求的生活是一个虚无缥缈。

第二课　复活

列夫·尼古拉耶维奇·托尔斯泰

列夫·尼古拉耶维奇·托尔斯泰(1828 年—1910 年),19 世纪中期俄国批判现实主义作家、思想家、哲学家,代表作有《战争与和平》《安娜·卡列尼娜》《复活》等。

【作品赏析】

《复活》取材于一件真实事件,主要描写男主人公聂赫留朵夫引诱姑妈家女仆玛丝洛娃,使她怀孕并把她赶出家门。后来,她沦为妓女,因被指控谋财害命而受审判。男主人公以陪审员的身份出庭,见到从前被他引诱的女人,深受良心谴责。他为她奔走申冤,并请求同她结婚,以赎回自己的罪过。上诉失败后,他陪她流放西伯利亚。他的行为感动了她,使她重新爱他。但为了不损害他的名誉和地位,她最终没有和他结婚而同一个革命者结为伉俪。

聂赫留朵夫这一形象体现了"道德自我完善"的过程和思想。他经过返归和自我完善在精神上获得了新生。聂赫留朵夫的思想变化可以分为:第一阶段是纯洁善良、追求理想的阶段。第二阶段是放纵情欲,走向堕落。第三阶段是从忏悔走向复活。法庭审判之后,他内心痛苦,认清了自己虚伪可耻的面目,决心悔过自新。小说在他忏悔的过程中,通过对他的所见所闻,揭露和批判了沙皇俄国社会的腐败和黑暗,批判了沙俄专制的国家制度,揭露了政府机关的黑暗和官吏的残暴。

玛丝洛娃体现了俄罗斯人民所遭受的深重苦难和对整个黑暗社会的无比憎恨。她在拒绝聂赫留朵夫的"善行"时,一再表现出自己内心的屈辱、痛苦和按捺不住的愤怒。正是这种感情触动了她麻木不仁的灵魂,并最后使她觉醒过来。由于她的灵魂深处始终保存着善良的天性和与聂赫留朵夫初恋时的美好回忆,"悔罪"的聂赫留朵夫才能获得她的宽恕,并使她重新"爱"上他。玛丝洛娃最终拒绝聂赫留朵夫要求和她结婚的建议,表现出她的崇高品质,也是她为了爱他而做出的自我牺牲。玛丝洛娃的"宽恕"精神使她的灵魂获得了"复活"。

尖锐的对比是其主要特色之一。小说中描写了极其广泛的生活画面:从法院到教堂,从监狱到流放所,从莫斯科到彼得堡,从城市到乡村,从俄罗斯到西伯利亚。通过这些画面,作者把上层社会与人民生活进行对比,把贵族老爷、达官贵人与贫苦的老百姓进行对比,把统治者与犯人进行对比。

托尔斯泰善于通过人物复杂的心理状态揭示人物的精神世界。小说巧妙地利用外界的事物和现象来刻画人物的心理,有时外界事物影响着人的情绪;有时又由于人的情绪使周围环境带上一种特殊的色彩。

第三课　双城记

查尔斯·狄更斯

　　查尔斯·狄更斯(1812 年—1870 年),全名查尔斯·约翰·赫法姆·狄更斯,英国作家。主要作品有《大卫·科波菲尔》《匹克威克外传》《雾都孤儿》《老古玩店》《艰难时世》《我们共同的朋友》《双城记》等。他出生于海军小职员家庭,少年时因家庭生活窘迫,只能断断续续入校求学。后被迫到工场做童工。15 岁以后,当过律师事务所学徒、录事和法庭记录员。20 岁开始当报馆采访员,报道下议院。狄更斯特别注意描写生活在英国社会底层的"小人物"的生活遭遇,深刻地反映了当时英国复杂的社会现实,为英国批判现实主义文学的开拓和发展做出了卓越的贡献。

【作品赏析】

　　《双城记》是以法国大革命为背景所写成的长篇历史小说,故事中将巴黎、伦敦两个大城市联结起来,围绕着曼马内特医生一家和以德发日夫妇为首的圣安东尼区展开故事。小说里描写了贵族如何败坏、如何残害百姓,人民心中积压对贵族的刻骨仇恨,导致了不可避免的法国大革命。书名中的"双城"指的是巴黎与伦敦。

　　据狄更斯在序言中所说的,1857 年狄更斯在和他的孩子们、朋友们一起演出威尔基·柯林斯先生的剧本《冰海深处》时,开始有了这个故事的主要构想。《冰海深处》的主人公是一个被心爱的姑娘抛弃后,在北极探险时为拯救情敌而牺牲的青年。这种人物的塑造完全和狄更斯产生了共鸣,也完全符合狄更斯对一个有道义的人的定义:舍己为人,品德高尚。这为他在《双城记》中构思出卡顿这个人物形象提供了素材资料。

　　在《双城记》中,马内特医生是作者全力塑造的一个理想形象。马内特医生医术精湛,心地善良、为人正直,是一个极其同情贫苦人民遭遇的知识分子。

　　狄更斯将医生作为理想的化身,表达了通过以德报怨的方式来解决各种现实问题、缓和社会矛盾和尖锐冲突的理想。作者坚信宽容、善良和仁爱能够有效化解现实生活中各种尖锐的阶级矛盾,解决下层劳动人民和上层贵族阶级之间的激烈冲突,使他们能够和谐共处。但是,依赖道德榜样来改良社会的方式具有局限性,狄更斯思想上的妥协性以及认识上的局限性显然也影响到他的文学创作,从而极大地削弱了《双城记》对现实的批判力度。

　　英国律师卡顿是一个悲剧人物,他才华横溢,讨厌这个肮脏的社会,但又无力抗争。读者在一开始阅读小说时会觉得他是一个颓废、冷酷、无情且懦弱的人。卡顿认为自己是一个"绝望了的苦力",他冷漠地告诉大家,"我不关心世上任何人,也没有任何人关心我"。但是,美丽善良的露西的出现像一道山泉,滋润了他干涸已久的心灵。于是,他鼓起了生活的勇气,改掉了多年的坏习惯,对将来也一下子有了希望。他爱上了美丽善良的露西,却觉得自己没有资格去爱她,而且他还身患严重的肺病,将不久于人世。最终,他把对露西的爱埋在了心底。露西与达尔奈结婚后,他对达尔奈充满了羡慕,心中十分难过,万分失落,但他最终还是选择为达尔奈和露西道上自己最诚挚的祝福。

卡顿甚至做好了随时为露西牺牲生命的准备,他毫无保留地"愿为你和你所爱的人做任何事",并毫不畏惧,"抓住一切机会,为你和你所爱的人做出任何牺牲"。他深爱露西,不求任何回报,只是希望露西能够"不时想起有这么一个人",希望露西记住自己。这也就暗示了卡顿最终为爱牺牲的结局,为下文埋下了伏笔。最终卡顿代替达尔奈走上了断头台,用鲜血和生命实现了自己对露西的爱的承诺。卡顿这个人物身上也充分闪耀着人道主义的光芒,他明知自己的单恋没有结果,却仍然义无反顾地选择用生命为所爱之人换来幸福,用自己的鲜血和生命去化解残忍的暴力。卡顿对女主角的深切爱意和大无畏的牺牲精神也使得《双城记》的主题精神得到了进一步的升华,增强了小说的浪漫主义色彩。

医生的女儿露西是博爱的化身,她对身边所有人都抱着仁爱之心,温和、友善地和所有人相处。她更是用自己的爱心将两个原本因为仇恨根本无法共存的家庭联结在一起,这种化解仇恨的方式体现了作者崇尚人道主义的本意。作家着意将露西刻画为一个完美的圣母形象,她用爱心温暖着父亲受伤的心灵和身体,在她的精心照料下,父亲的神智恢复了正常。而她又是勇敢的,当丈夫有难时,她义无反顾地离开了平静温暖的家,来到危险重重的巴黎,竭尽全力挽救丈夫。

《双城记》使用了很多的对比手法,反映了阶级的特点及状态。如厄弗里蒙地侯爵兄弟和马内特医生,一个残酷无情,另一个极度善良;在农村里,一边是贵族永无休止的荒淫无耻的生活,而一边则是农民无知却又可怜的生活;在城市里,贫民窟到处都是,小孩老人脸上仿佛都刻画着由于长期饥饿而形成的消瘦脸型,而另一边的贵族们却慢慢地拿起茶杯,品着奢侈的茶,还时刻显露出不满的表情。这一幕幕体现了狄更斯的写作特色,既具深度,又极其巧妙,都深深印在读者的内心世界。

第四课　悲惨世界

维克多·雨果

维克多·雨果(1802年—1885年),19世纪法国浪漫主义文学代表作家,人道主义的代表人物。1816年,雨果在16岁时已能创作杰出的诗句,21岁时出版诗集,声名大噪。1845年(43岁),法王路易·菲利普授其上议院议员职位,自此他专心从政。1849年法国大革命爆发,雨果四处奔走鼓吹革命,晋封伯爵,并当选国民代表及国会议员。三年后,拿破仑称帝,雨果对此大加攻击,因此被流放。此后20年间他各处漂泊。1870年法国恢复共和政体,雨果亦结束流亡生涯,回到法国。其作品涉及诗歌、小说、剧本、哲理论著,代表作有长篇小说《巴黎圣母院》《九三年》《悲惨世界》等。他的短篇小说有《"诺曼底"号遇难记》曾经被选入语文课本。《悲惨世界》是雨果在1862年发表的一部长篇小说,其内容涵盖了拿破仑战争和之后的十几年的时间。小说以主人公苦刑犯冉·阿让的经历为主线,描绘了法国的历史、革命、战争、道德哲学、法律、正义、宗教信仰等内容。该作多次被改编演绎成影视作品。

【作品简介】

主人公冉·阿让原是个诚实的工人,一直帮助穷困的姐姐抚养七个可怜的孩子。有一年冬天,他找不到工作,为了不让孩子饿死,他只得去偷了一块面包,因此被判处五年徒刑。在服刑期间,冉·阿让因不堪忍受狱中之苦四次逃跑,但最终都没有成功,刑期也从五年加到了十九年。假释出狱后,苦役犯的罪名永远地附在冉·阿让的身上,他找不到工作,连住宿的地方都没有。即使同样是做苦工,假释犯得到的报酬也只是别人的一半。

这部小说的创作契机是这样两件事:1801年,第一件事是一个名叫彼埃尔·莫的穷苦农民,因饥饿偷了一块面包而判五年苦役,刑满释放后,持黄色身份证讨生活又处处碰壁;第二件事是雨果自己的好友维克多年轻时的逃亡生活。

直到1845年11月,雨果才终于开始创作,他不断增加材料,丰富内容,顺利写完第一部,但在书稿已写出将近五分之四时,雨果又卷入政治漩涡,于1848年2月21日停止创作,《苦难》一书随作者流亡了。雨果在盖纳西岛流亡期间,用全方位的目光和思想,重新审视、反思一切。在此基础上,对《苦难》手稿做了重大修改和调整,增添大量新内容,最终完成此书,定名为《悲惨世界》。

冉·阿让是《悲惨世界》的主人公,是善良与博爱的象征,是一位无名英雄。他从一个逃犯发展成为英雄主要经历了四个步骤。首先,他在离开米里哀主教后干了一件让他懊悔的事情,就是抢了一个小孩的硬币;接着他救了人,那人被别人错当成是他的难友;后来他在知道结果可能会使他失去与他相依为命多年的柯赛特之后,却仍然冒着生命危险救出柯赛特的情人马吕斯;最终他因为担心会影响柯赛特的前途而在她与马吕斯结婚后与她脱离关系。冉·阿让与警长沙威之间也发生了多次冲突:第一次冲突发生在冉·阿让成为市长并且是沙威的上司的时候,第二次冲突是在德纳第家中被捉住差点送命,第三次冲突是在街垒中和逃出地下暗渠之后二人的碰面。还有当冉·阿让带着柯赛特四处躲藏的时候,他与沙威虽然没有碰面,但冲突无处不在,其间有多次扣人心弦的历险经历。

《悲惨世界》规模宏大,人物形象近百人,约 120 万余字,分五部分,标题分别是"芳汀"、"珂塞特"、"马吕斯"、"卜吕梅街的儿女情和圣丹尼街的英雄血"、"冉·阿让"。小说的基本情节是冉·阿让的悲惨生活史。综观全书,雨果对战役、起义都是全景式描写,在这里思想和风格是相当的。对冉·阿让个人的叙述也是如此,作者花了几大章节去写冉·阿让面对商马第事件的彷徨与苦闷,每一次抉择都极力描写冉·阿让的心理活动;而冉·阿让变成马德兰厂长的过程,冉·阿让落海后的经历等,作者反而寥寥几笔,做了戏剧化处理。历史事件的描写一方面写明人物故事发生的历史背景与历史时间,另一方面表明历史事件对人物命运产生影响,进而推动故事情节的发展。雨果把故事的历史时间延长或压缩变成叙事时间,充分体现了雨果历史家的大手笔,他力图以史诗的气魄和规模去再现社会和历史,使《悲惨世界》成为一幅历史壁画。

人物的心理几乎全部由他转述,内心独白的成分虽有,但是有时很难分清哪些是雨果的,哪些是他笔下人物的,两者交织在一起。他像全知全能的上帝洞察人物的一切心理。其次,雨果的心理描写比较集中,往往是大段大段的,篇幅相当长,滔滔不绝,激情满怀,不厌其烦。大量的心理描写能让读者对人物的内心世界一览无余。

1903 年,苏曼殊翻译了雨果的《悲惨世界》,题名《惨社会》;李丹、方于夫妇从1958 年至 1984 年翻译《悲惨世界》五卷,这是中国第一套《悲惨世界》全译本。

第五课　麦琪的礼物

欧·亨利

欧·亨利(1862年—1910年),美国短篇小说家、美国现代短篇小说创始人,其主要作品有《麦琪的礼物》《警察与赞美诗》《最后一片叶子》《二十年后》等。欧·亨利与契诃夫、莫泊桑并列世界三大短篇小说巨匠,曾被评论界誉为曼哈顿桂冠散文作家和美国现代短篇小说之父,他的作品有"美国生活的百科全书"之誉。

【作品简介】

《麦琪的礼物》反映了美国下层人民生活的艰难,赞美了主人公善良的心地和纯真爱情,这代表了美国下层人物的悲喜,也包含了作者要表达的"人性美"中最重要的一个方面"爱的无私"。

欧·亨利出生于美国的一个医生家庭,幼年丧母,在其少年时期,家道没落,15岁的他开始进入社会谋生,独自承担起生活的重任。这使年幼的欧·亨利过早地体会到了生活的不易与艰辛。他自觉地为小人物代言,自命是纽约四百多万贫民的代表。

19世纪的美国资本主义垄断正在急剧发展,社会的贫富悬殊越来越严重,欧·亨利尽管日子艰辛但幸福甜蜜。后来欧·亨利被怀疑拖欠银行一笔钱,于是他离开病重的妻子,到乡下避难,直至妻子去世都没有见到最后一面,《麦琪的礼物》是他对妻子的愧疚与思念的见证。

主人公德拉对她的一头秀发是珍爱有加、引以为豪的。她天性爱美,再穷也要把自己打扮得干净漂亮,在丈夫面前展示自己的美丽。但为了给丈夫买一件"精致、珍奇而真正有价值"的圣诞礼物,她忍痛割爱,以发换钱,为丈夫买了珍贵的白金表链。吉姆全身心地投入工作,薪水却极菲薄,且在不断缩减,他们只能住在贫民窟一般的公寓里,每周的收入除房租、伙食费之外,几近于无。但他非常喜爱妻子这头美丽的褐发,深知爱妻为了装扮头发对百老汇路上一家商店橱窗里陈列的玳瑁发梳渴望已久,为了在圣诞前夕给爱妻赠送礼物,忍痛卖掉了三代祖传的金表。

小说从开篇就构筑了两条线索,即明线与暗线双重线索:吉姆卖表买发梳是暗线,德拉卖发梳买表链则是明线;双重线索又非平均用墨,作者沿德拉卖发这条明线展开故事,并不惜笔墨,将笔触着重放在刻画德拉的形象上。

作品采用第三人称全知视角。《麦琪的礼物》中的大部分场景描写和心理描写运用的就是第三人称全知视角。小说中德拉数钱的场景就是运用这种视角来进行叙述。其次,小说中运用了视角的转换。小说通过个性化的语言表达,所表达出来的都是作者对妻子的怀念,尤其是在这些坚贞不渝的爱情角色中,更多地表达一种对艺术的追求,尤其是在对爱情主题的刻画中,更是淋漓尽致,既有整体的含蓄型,又有全面的深刻化,通过对主题的整体把握,形成个性突出的语言风格。

《大学语文》参考资料

1.《中国古代文学史》，游国恩、王起等，北京：人民文学出版社，2002 年版。

2.《汉魏六朝诗鉴赏辞典》，吴小如等，上海：上海辞书出版社，1992 年版。

3.《唐诗鉴赏辞典》，萧涤非等，上海：上海辞书出版社，1983 年版。

4.《唐宋词鉴赏辞典》，周汝昌等，上海：上海辞书出版社，1982 年版。

5.《元曲鉴赏辞典》，贺新辉等，上海：上海辞书出版社，1982 年版。

6.《古文观止》，徐北文主编，济南：齐鲁书社，1998 年版。

7.《诗经选》，余冠英注译，北京：人民文学出版社，1979 年版。

8.《先秦诸子百家争鸣》，易中天，上海：上海文艺出版社，2009 年版。

9.《论语新解》，钱穆，上海：生活·读书·新知三联书店，2002 年版。

10.《孟子》，杨伯峻注译，北京：中华书局，1960 年版。

11.《墨子》，西安：长安出版社，2009 年版。

12.《庄子》，胡仲平编，北京：燕山出版社，1995 年版。

13.《楚辞选》，马茂元选注，北京：人民文学出版社，1980 年版。

14.《中国文学作品选注》，上海：上海古籍出版社，2007 年版。

15.《崔莺莺待月西厢记》，张燕瑾校注，北京：人民文学出版社，2005 版。

16.《郁达夫周作人散文集》，郁达夫、周作人著，广州：中国花城出版社，2003 年版。

17.《元人杂剧选》，顾肇仓选注，北京：人民文学出版社，1978 年版。

18.《老舍散文选》，老舍著，广州：花城出版社，2004 年版。

19.《郑振铎散文集》，郑振铎著，天津：百花文艺出版社，2004 年版。

20.《大学语文》，詹福瑞主编，保定：河北大学出版社，2000 年版。